O EXÉRCITO DOS INVISÍVEIS

Aspectos económicos da imigração clandestina

MARIA CONCETTA CHIURI
NICOLA CONIGLIO
GIOVANNO FERRI

O EXÉRCITO DOS INVISÍVEIS
Aspectos económicos da imigração clandestina

Título original: *L'esercito degli invisibili*
Aspetti economici dell'immigrazione clandestina

O EXÉRCITO DOS INVISÍVEIS

AUTORES
MARIA CONCETTA CHIURI
NICOLA CONIGLIO
GIOVANNO FERRI

© 2007 by società editrice Il Mulino, Bologna

TRADUTORA
SANDRA ESCOBAR

EDITOR
EDIÇÕES ALMEDINA, SA
Av. Fernão Magalhães, n.º 584, 5.º Andar
3000-174 Coimbra
Tel.: 239 851 904
Fax: 239 851 901
www.almedina.net
editora@almedina.net

PRÉ-IMPRESSÃO | IMPRESSÃO | ACABAMENTO
G.C. – GRÁFICA DE COIMBRA, LDA.
Palheira – Assafarge
3001-453 Coimbra
producao@graficadecoimbra.pt

Abril, 2010

DEPÓSITO LEGAL
307708/10

Os dados e as opiniões inseridos na presente publicação são da exclusiva responsabilidade do(s) seu(s) autor(es).

Toda a reprodução desta obra, por fotocópia ou outro qualquer processo, sem prévia autorização escrita do Editor, é ilícita e passível de procedimento judicial contra o infractor.

Biblioteca Nacional de Portugal – Catalogação na Publicação

CHIURI, Maria Concetta, e outros

O exército dos invisíveis : aspectos económicos
Da imigração clandestina / Maria Concetta Chiuri,
Nicola Coniglio, Giovanni Ferri
ISBN 978-972-40-4163-6

I – CONIGLIO, Nicola
II – FERRI, Giovanni

CDU 316
314

ÍNDICE

Introdução 7

I. Globalização e movimentos humanos 19

1. Globalização e movimentos migratórios 21
2. Migrações e reacções dos governos dos países de acolhimento 46
3. O exército dos invisíveis: as causas, a dimensão do fenómeno e as dificuldades de mensuração 50
- As técnicas de mensuração da população clandestina 52

II. Quem são os imigrantes irregulares? Uma análise microeconómica 59

1. Como se tornam clandestinos em Itália: entre medidas judiciais e Centros de Instalação Temporária e de Assistência 61
- O inquérito SIMI sobre a imigração irregular em Itália 67
2. Perfil do migrante clandestino «à entrada» em Itália 71
3. Causas da migração: motivações tradicionais, crises económicas e conflitos sociais 79
4. Migrações e redes sociais 90
5. A geopolítica do tráfico de clandestinos e o custo da migração 92

6. As expectativas do migrante clandestino 100
7. A imagem do clandestino: um lugar-comum a destruir 104

III. O custo da clandestinidade 107

1. Os custos da clandestinidade para o migrante 109
2. Clandestinidade e países de origem 118
- Remessas e desenvolvimento económico 123
- Remessas de saída: uma drenagem de recursos para os países de destino dos migrantes? 146
3. Clandestinidade e países de destino 149
- Exploração dos migrantes irregulares: quem ganha com isso? 151
- O impacto da migração no salário e no emprego nos países de destino 154
4. Clandestinidade e comércio bilateral 162
5. O possível efeito *boomerang* das políticas restritivas 165

IV. A fábrica de clandestinos: as políticas migratórias dos países de destino 171

1. O quadro actual das políticas 173
- Os imigrantes ilegais e a fronteira EUA-México 181
2. Imigração ilegal e regularizações 189

Conclusões. Quais as políticas migratórias para o Futuro? 203

Referências bibliográficas 223

INTRODUÇÃO

Nas últimas décadas, a integração cada vez maior dos mercados, frequentemente designada por globalização, assistiu à expansão de um formidável e crescente fluxo de bens, serviços e capitais financeiros em todos os cantos do mundo. Os fluxos de pessoas, bastante mais intensos no princípio do século XX, foram a grande ausência durante muito tempo e só nos últimos anos recomeçaram a desfilar no palco da globalização. As migrações internacionais voltam a apresentar-se em toda a sua força por um simples motivo: os fossos demográficos e económicos entre o Norte e o Sul do mundo estão a aumentar.

O crescente fluxo migratório foi acompanhado, como sucedeu e ainda sucede com o intercâmbio de bens e serviços, por um crescente "proteccionismo". A reacção dos países de destino, muitas vezes esquizofrénica, foi acabar com «os pontos» de acesso às suas fronteiras utilizando vários instrumentos: da caneta – com leis migratórias cada vez mais rígidas e restritivas

– aos muros, ao arame farpado e às espingardas das polícias fronteiriças[1].

É evidente que as políticas migratórias restritivas foram um fracasso. Longe de travar a consistência dos fluxos de entrada, o seu principal resultado foi mudar o ponteiro da balança a favor da imigração ilegal[2], que ganhou crescente relevância, e, com políticas migratórias inalteradas, destina-se a ter ainda um maior peso nos próximos anos. Contudo, seria redutor circunscrever a análise do fracasso das políticas ao mero facto de terem falhado o objectivo esperado: a redução dos migrantes. A nossa função aqui é utilizar a análise económica para que os cidadãos dos países ricos tomem consciência da profunda inadequação dos instrumentos de que estão dotados. Quando se adopta uma política de encerramento de fronteiras, temos de, em primeiro lugar, acrescentar ao prato da balança das desvantagens decorrentes de tal escolha colectiva a renúncia a uma parte significativa dos efeitos positivos da imigração no país de acolhimento. Os migrantes são um recurso vital para as economias dos países

---

[1] Por estes dias foi noticiado que o Presidente dos Estados Unidos da América, George W. Bush, assinou o decreto da conclusão do muro na fronteira México-EUA ao longo de mais de 1100 Km.

[2] Ao longo do livro, os termos ilegal, irregular e clandestino são utilizados como sinónimos, apesar das definições atribuídas pelo direito nessa matéria não coincidirem totalmente.

avançados: trazem braços indispensáveis ao mercado de trabalho, melhorando a rentabilidade dos recursos, geram novas ideias e, muitas vezes, empreendedorismo; no imediato, são o único remédio para o envelhecimento da população e para a queda demográfica; são os vectores da diversidade cultural, um recurso crucial nas sociedades modernas. Obviamente que a imigração também implica custos – como os inerentes à integração social e à redução de alguns trabalhadores autóctones – que produzem os seus efeitos negativos, principalmente a curto e médio prazo. Mas, de modo geral, estes custos são de longe inferiores aos benefícios. As políticas restritivas, pelo contrário, ao produzirem «clandestinidade», provocam custos elevados aos migrantes, aos países de origem e aos de destino. Custos que até agora ainda não foram devidamente considerados na própria definição das políticas.

Estes aspectos ganham particular relevância num país como o nosso que, após um longo passado de emigração, muitas vezes irregular, descobriu subitamente ser meta de imigração. De uma forma geral essa mudança não é transitória: a imigração, embora ainda quantitativamente modesta em relação a países mais desenvolvidos, está em forte crescimento. A velocidade explosiva dessa transformação desorienta a opinião pública e obsta a que se faça uma reflexão racional sobre políticas migratórias. Na ausência de informação que dilua os medos do «diferente», largas faixas de italianos podem acabar reféns de lugares-comuns que tornam ainda mais problemática a aceitação dos necessários fluxos de imigrantes. A desorientação das políticas é confirmada pela oscilação entre uma abordagem «integracionista» (a chamada lei Turco-Napolitana) e uma fortemente restritiva (a chamada lei Bossi-Fini), com um único traço em comum que são as recorrentes regularizações. O actual estado da legislação é inadequado: a lei Bossi-Fini desvia os fluxos de imigrantes para a clandestinidade que, como veremos, é parte do problema, não a solução. A continuar com as mesmas políticas, grande parte da futura imigração irá engrossar inevitavelmente as fileiras deste exército dos invisíveis.

Uma revisão da legislação italiana em matéria de imigração é inevitável e indispensável. Igualmente indispensável, para enfrentar adequadamente e com maior serenidade o debate preliminar à reforma necessária, é a eliminação de pontos obscuros sobre o conhecimento do fenómeno da imigração irregular que, por definição, apresenta bastantes. Para informar convenientemente a opinião pública sobre as políticas, seria necessário sabermos mais sobre os imigrantes irregulares, em vez de basearmos o conhecimento do fenómeno migratório nos migrantes regulares, como é hábito. Tal situação parece bastante insatisfatória, na medida em que a teoria económica e as (escassas) observações empíricas existentes sugerem que a clandestinidade, caracterizada pela elevada incerteza e por incentivos de diversos géneros, induz os indivíduos a terem comportamentos sensivelmente diferentes (por exemplo, em termos de participação no mercado do trabalho, aquisição de capital humano, capacidade e vontade de enviar remessas para o país de origem).

Mas como estudar o exército dos invisíveis? Este livro quer colmatar a carência natural de informações sobre migrantes irregulares, utilizando os dados recolhidos por um grupo de investigadores da Universidade de Bari numa investigação feita expressamente sobre a imigração irregular em Itália. Estes dados permitem retratar o fenómeno dos imigrantes irregulares «à entrada» nas nossas fronteiras e fornecem um quadro rico e pormenorizado das motivações que os levaram à imigração, das suas expectativas e suas características.

Assim como todos os fenómenos complexos, as migrações apresentam uma multiplicidade de possíveis perspectivas de análise. O objectivo deste livro é analisar os diferentes aspectos que caracterizam a imigração irregular, principalmente à luz da teoria económica: embora não se possa prescindir das múltiplas facetas do fenómeno, o tipo de análise que caracteriza este livro não é o do sociólogo, ou do jurista, ou do demógrafo, mas sim o do economista. Consideramos que esta escolha é particularmente relevante porque a clandestinidade – que, como já recordámos, é em grande parte fruto indesejado das políticas migratórias – tem consequências negativas quer no país de origem, quer no de destino dos migrantes. Por outras palavras, a clandestinidade reduz os benefícios económicos para ambos os lados da migração.

Consideremos o ponto de origem dos fluxos migratórios, ou seja, os países de baixo rendimento: a emigração tem grande importância para o seu desenvolvimento económico através de uma série de canais, como as remessas, o aumento do capital humano e os fluxos migratórios de regresso. As remessas dissolvem vínculos financeiros no país de origem e podem incentivar os investimentos e o empreendedorismo, dando assim um impulso decisivo ao desenvolvimento auto-propulsor que, a longo prazo, elimina a própria exigência de migrar. A formação do capital humano (através da formação e aprendizagem no local de trabalho) dos migrantes pode transformar um inicial *brain drain* (fuga de cérebros) num *brain gain* (ganho de competências), oferecendo ao país pobre um canal de acesso viável ao stock de conhecimentos globais. Os dois canais precedentes estão estreitamente ligados ao regresso dos migrantes ao país de origem. Contudo, qual o impacto da clandestinidade nas remessas e na acumulação do capital humano? A análise dos próximos capítulos permitir-nos-á demonstrar um impacto fortemente negativo.

Adoptar políticas migratórias restritivas significa, com toda a probabilidade, atrasar o desenvolvimento socioeconómico de um grande número de países pobres, o que implica a continuidade das mesmas condições que estão na base de uma forte pressão migratória do Sul do mundo. Enfim, significa renunciar ao benefício que o desenvolvimento económico nos países de mais baixo rendimento traz a toda a comunidade global: se emergirem novos países no panorama mundial deveremos celebrar não só pela alegria altruísta de ver vidas humanas escaparem à fome e ao desespero, mas também pela expectativa egoísta de que milhões de novos indivíduos irão contribuir para melhorar a vida de todos com o desenvolvimento de novas ideias, novos produtos e novas tecnologias.

Passemos ao ponto de chegada dos fluxos migratórios: perguntamo-nos se os países que adoptam políticas mais restritivas – além de aumentarem a taxa de clandestinidade dos afluxos – acabam por atrair migrantes menos qualificados e menos produtivos. Uma resposta afirmativa implicaria menores benefícios económicos. E será que os migrantes irregulares também contribuem para alimentar a economia paralela? Se sim, dever-nos-íamos preocupar, pois as potencialidades de crescimento de um país enfraquecem quando a dimensão da economia paralela ultrapassa um certo limiar fisiológico. Por fim, considerando que, no país de acolhimento, os imigrantes também dão um contributo inferior se acumularem menos capital humano durante a sua permanência, analisaremos o impacto da condição de clandestinidade na formação dos migrantes, que, como veremos, é de modo geral negativo.

Estas consequências negativas não são, contudo, inevitáveis. Os países ricos têm alguma margem de manobra para decidirem a parte de fluxos de imigrantes que será constituída por clandestinos. É nossa convicção de que, actualmente, as autoridades dos países de destino não têm em devida consideração os efeitos negativos da clandestinidade. Um dos objectivos deste livro é alertar a opinião pública mais informada para os riscos que se correm também do ponto de vista mais estritamente económico. Se, de facto, a incapacidade de gerir a integração dos fluxos de imigrantes é um problema social, como nos recordaram os episódios ocorridos nas *banlieues* francesas, não devemos esquecer que a escolha de políticas migratórias inapropriadas tem sérias consequências económicas.

Isso é bem real em Itália. Embora não se possa estabelecer uma relação directa entre a lei Bossi-Fini (de 2002) e a dinâmica insatisfatória da produtividade que o nosso país registou, em paralelo com o aparecimento de mais de 500 000 imigrantes ilegais (em 2003, produto da regularização concomitante com a lei Bossi-Fini), em todo caso, deve fazer-nos pensar o facto de essa lei tender a gerar uma imigração cada vez mais «morde e foge», com características precárias, e a aumentar a clandestinidade. Importa, portanto, repensar a política migratória italiana, mas sem deitar às urtigas um aspecto positivo da lei Bossi-Fini, o de se ocupar de uma dimensão crucial do fenómeno migratório, isto é, a aceitação sociopolítica dos imigrantes. Que caminho seguir, então? Aduziremos argumentos sobre a possibilidade de considerar o recurso a vistos de imigração temporária. Mas tais programas não estão isentos de dificuldades; há que fazer um debate para evitar os erros cometidos no passado em outros países. Uma política deste tipo, dando às várias partes envolvidas – os migrantes e os nativos do país de acolhimento – um quadro de certeza relativa, traria benefícios económicos consideráveis não só aos migrantes e aos países de emigração, mas também ao nosso.

Embora o livro seja fruto de uma reflexão comum dos três autores, o capítulo 2 é da responsabilidade de Maria Concetta Chiuri, o capítulo 3 foi redigido por Nicola Coniglio e o capítulo 4 por Giovanni Ferri. As restantes partes são igualmente atribuíveis a todos os autores.

Escrever um livro é como enfrentar uma viagem. Ao longo do nosso itinerário encontrámos numerosos amigos e colegas, com os quais partilhámos pensamentos e discussões. Um particular agradecimento a Giuseppe De Arcangelis e Laura Serlenga que connosco enfrentaram parte desta viagem sugerindo-nos indicações preciosas e ideias estimulantes para discussão.

Muitos outros encontros contribuíram de facto, directa ou indirectamente, para a redacção deste livro. Uma parte muito significativa do volume baseia-se numa investigação de campo, realizada nos centros de instalação provisória, de acolhimento e de escuta para os imigrantes irregulares. Luigi Montagna coordenou de forma exímia essa pesquisa e, bem como a outros níveis, deu um contributo decisivo para a qualidade do banco de dados criado. Agradecemos-lhe a ele e aos muitos operadores e mediadores culturais que tornaram possível a investigação. Angela Maria D'Uggento foi fundamental no desenvolvimento das técnicas originais de amostra – estamos gratos também a Gian Carlo Blangiardo pelas suas sugestões – e no desenvolvimento das análises iniciais. Com a sua paixão humana e pastoral, Don Giuseppe Colavero abriu--nos muitas portas (dos centros de acolhimento), bem como o pensamento (com sugestões válidas) e o coração, fazendo-nos ver de perto a experiência de quem pratica a integração no seu quotidiano. Alexandra Venturini esteve sempre próxima de nós com curiosidade intelectual e acuidade científica. Giorgio Barba Navaretti e Ricardo Faini discutiram connosco os primeiros resultados no campo, indicando-nos interessantes perspectivas de leitura a aprofundar. Em algumas questões foram de grande valor os conselhos de Don Devoretz, Christian Dustmann, Francesco Prota, Salvatore Strozza e Ian Wooton. Donato Masciandaro estimulou, em particular nas remessas dos imigrantes, várias linhas de análise inexploradas até à data. Beneficiámos de profícuas discussões com Salvatore Distaso, especialista em imigrantes ilegais na cúpula das instituições, além de estimado demógrafo. Franco Pittau foi uma referência não só como modelo de conhecimento sobre imigrantes, mas também encorajando-nos com o seu entusiasmo e a sua paixão. Somos gratos a muitos funcionários das instituições e dos corpos de polícia que –

quer em Roma, quer na periferia – nos permitiram aceder a informações preciosas sobre imigrantes. Entre eles, é com agrado que recordamos o agente (pelo menos tal em 2000) Perlino, a primeira pessoa que nos fez perceber as imensas dificuldades de gestão dos procedimentos de entrada num país que cresceu com a emigração.

Este livro faz parte do projecto «Economic and Political Re-integration in an Enlarged EU» financiado pela União Europeia. Agradecemos ainda ao Ministério da Educação, Ensino Superior e Investigação Científica bem como à Universidade de Bari.

Antonella, Caterina, Eleonora, Stefania, Ida, Vito, Tonio, Marisa e todos os nossos familiares foram tolerantes enquanto andávamos a monte em viagem com os migrantes.

CAPÍTULO I
Globalização e movimentos humanos

> Build a fence, they're going to over it, under it, around it.
>
> Jim Pederson, candidato democrata
> ao Senado no Arizona, in «The Economist» [2006]

A história é rica em exemplos de migrações de massa desde que os povos abandonaram o nomadismo. As migrações da Antiguidade encontramo-las inclusive nos textos sagrados das religiões (por exemplo, o povo judaico no Egipto). Mas existe uma grande diferença entre as migrações antigas e as modernas: as primeiras eram geralmente forçadas, enquanto as segundas foram habitualmente fruto da escolha intencional/consciente dos migrantes. Por outras palavras, na Antiguidade dominaram os factores de impulso que levavam às migrações forçadas (por exemplo, as carestias, a escravidão). Ao passo que no mundo contemporâneo, embora não se possa dizer que as migrações forçadas acabaram (veja-se também, neste capítulo e no capítulo 2, a discussão sobre os impulsos migratórios determinados pela crise nos países de origem e no mercado dos traficantes de homens), podemos afirmar certamente que se revestem de um carácter secundário.

Hoje, ou mais precisamente desde a segunda metade do século XIX, domina, pelo contrário, a componente intencional/consciente. O que significa que os factores de impulso superaram os factores de atracção. Quais os motivos que estão na origem do aumento do número de migrantes induzidos por razões económicas? Deve procurar-se a razão no que indubitavelmente representa o mais importante motor de mudança das nossas sociedades: a globalização, ou seja, a extraordinária redução de barreiras físicas, tecnológicas e culturais ao movimento internacional de bens e serviços, ideias, capitais e, sobretudo, de indivíduos.

Neste capítulo propusemo-nos atingir um triplo objectivo. Na primeira parte enfatizaremos a estreita relação que existe entre o fenómeno migratório e a globalização, que vê o primeiro como causa e, simultaneamente, consequência do segundo.

Os fluxos migratórios, sobretudo quando assumem dimensões relevantes como as actuais, impõem fortes mudanças nas sociedades dos países envolvidos: mudam a economia, a cultura e a própria identidade. A reacção dos governos, em particular dos países de acolhimento, representa a tentativa de resistência a essas mudanças geradas pelos fluxos migratórios. Ao mesmo tempo, a política não é, com efeito, neutra em relação à natureza do próprio fenómeno migratório. Na segunda parte do capítulo ocupar-nos-emos da recente tendência das políticas migratórias e do papel que desempenharam no robustecimento das fileiras do exército dos invisíveis, ou seja, os migrantes irregulares. O capítulo termina com a análise da dimensão do fenómeno da imigração irregular no contexto internacional e italiano e das problemáticas de mensuração de uma população, a dos migrantes irregulares, que escapa às estatísticas.

1. Globalização e movimentos migratórios

O termo globalização define o conjunto de processos que conduzem a uma maior integração económica, social, política e cultural entre diferentes regiões geográficas. Os mecanismos que estão na base deste processo de integração são de vária ordem: *o comércio internacional de bens e serviços*, que transforma não só a estrutura económica dos países envolvidos como também as próprias preferências dos consumidores globais e, portanto, reduz as diferenças culturais; *o movimento de capitais*, em busca de uma remuneração mais elevada, que torna cada vez mais uniformes as regras de funcionamento de mercados, sistemas bancários e códigos de comportamento; *o movimento das empresas*, em busca de oportunidades fora das fronteiras nacionais associadas à procura de novos mercados ou à possibilidade de uma mais económica e racional utilização dos *inputs* produtivos (factor trabalho *in primis*), que transfere entre os países inovações e tecnologias; *a migração de pessoas* através das fronteiras, induzidas pela esperança de melhorar as suas condições de vida, que reduz as distâncias entre países de origem e países de destino. A globalização é tudo isto e modifica profundamente os países envolvidos nesse processo. Os migrantes são o rosto humano da globalização: os vectores da mudança económica, social e cultural.

Se, por um lado, é verdade que os fluxos migratórios são parte integrante do processo de globalização, por outro, é importante sublinhar que os dois fenómenos se auto-alimentam: a maior integração entre áreas geográficas, reduzindo os custos – às vezes muito elevados – da migração, induz a um aumento natural do número de indivíduos que decide deixar o seu país para agarrar oportunidades além fronteiras. A globalização, por outras palavras, engrossa as fileiras do exército dos migrantes. Os fluxos de migrantes estão em constante crescimento: considerando apenas os países da OCDE de 1998 a 2004, os fluxos de entrada passaram dos 4,3 para os 6,7 milhões de indivíduos, um aumento de 56% (tab. 1.1). No nosso país, o aumento de fluxos regulares foi mais pronunciado, +188%, passando de 111 000 entradas em 1998, para 319 000 em 2004. É também interessante reparar que, em muitos países, o número de migrantes temporários está em constante crescimento; um dado emblemático do contexto actual das políticas em alguns países que procuram atingir um equilíbrio entre as exigências dos mercados de trabalho (muitas vezes ávidos de migrantes) e as pressões por parte da opinião pública, que hostiliza a mudança inevitável que as migrações permanentes (mais do que as temporárias) implicam. Uma mudança que já está a ocorrer em muitos países, dada a importante dimensão que o fenómeno ganhou ao longo do tempo. Num número conspícuo de países da OCDE, a quota de migrantes já supera os 10% da população em geral (fig. 1.1). Para os países com estatísticas disponíveis, o aumento entre 2000 e 2004 foi igual a 14% [OCDE 2006]. Entre os países europeus, a quota de indivíduos nascidos no estrangeiro atingiu níveis muito elevados no Luxemburgo (33,1%), Suíça (23,5%), Áustria e Alemanha (13%), Bélgica (11,4%), Irlanda (11%), Holanda (10,6), Grécia (10,3% em 2001) e França (10% em 1999). Estes dados reflectem, para alguns destes países, não só os recentes fenómenos migratórios mas também os do passado. Em Itália, o fenómeno imigratório,

---

[1] A população estrangeira residente em Itália é, em 1 de Janeiro de 2006, de 2,7 milhões segundo os dados mais recentes difundidos pelo ISTAT (Instituto Nacional de Estatística). O aumento em relação ao ano anterior é de 11,2%. Veja-se para mais pormenores

embora em forte expansão[1], tem uma dimensão ainda modesta se comparado em termos percentuais com a população total (os cidadãos nascidos no estrangeiro representavam, segundo o Relatório da OCDE [2006], 2,5% da população em 2001; pouco menos de 1,5 milhões de indivíduos). A população estrangeira em 2005 era cerca de 4,5% do total da população italiana.

Quais são os factores que levam um individuo a migrar? A resposta não é um mistério: a migração é motivada pela expectativa de uma melhoria das suas condições de vida e das da sua família. É evidente que a «pressão migratória» dos países pobres sobre os países ricos é maior quando coexistem *factores de impulso* nos países de origem, que tornam as condições de vida pouco aceitáveis (pobreza, elevada taxa de desemprego, fortes desigualdades socioeconómicas, restrições às liberdades individuais, etc.), e *factores de atracção* nos países de destino, que alimentam a esperança de ter boas oportunidades graças à migração (trabalho e salários elevados, pleno reconhecimento das liberdades individuais, elevada qualidade de vida, etc.)[2].

ISTAT [2006] (www.istat.it). Um valor ligeiramente mais elevado (3 milhões) é reportado pela Caritas/Migrantes [2006], que tem em conta os dados registados pelo Ministério do Interior do número de menores e de uma parte de autorizações de permanência em vias de renovação.

[2] A partir de agora, por razões de espaço e oportunidade, as principais causas dos fluxos migratórios serão apresentadas ao lei-

TAB. 1.1. *Fluxos de entrada de cidadãos estrangeiros em alguns países da OCDE* (em milhares)

	1998	1999	2000	2001	2002	2003	2004
ESTATÍSTICAS BASEADAS NO REGISTO CIVIL DA POPULAÇÃO RESIDENTE							
Áustria	59,2	72,4	66,0	74,8	92,6	97,2	108,9
Bélgica	50,7	68,5	68,6	66,0	70,2	68,8	72,4
Dinamarca	21,3	20,3	22,9	25,2	22,0	18,7	18,8
Finlândia	8,3	7,9	9,1	11,0	10,0	9,4	11,5
Alemanha	605,5	673,9	648,8	685,3	658,3	601,8	602,2
Japão	265,5	281,9	345,8	351,2	343,8	373,9	372,0
Luxemburgo	10,6	11,8	10,8	11,1	11,0	11,5	11,3
Noruega	26,7	32,2	27,8	25,4	30,8	26,8	27,9
Holanda	81,7	78,4	91,4	94,5	86,6	73,6	65,1
República Checa	7,9	6,8	4,2	11,3	43,6	57,4	50,8
República Eslovaca	–	–	–	–	–	4,6	7,9
Espanha	57,2	99,1	330,9	394,0	443,1	443,1	429,5
Suécia	35,7	34,6	42,6	44,1	47,6	48,0	47,6
Suíça	72,4	83,4	85,6	99,5	97,6	90,6	96,3
Hungria							

ESTÁTISTICAS BASEADAS NA EMISSÃO DE AUTORIZAÇÃO DE PERMANÊNCIA/RESIDÊNCIA OU EM OUTRAS FONTES DE DADOS

Austrália							
Fluxos permanentes	92,4	101,6	114,6	138,3	119,8	130,2	150,7
Fluxos temporários	173,2	194,1	224,0	245,1	340,2	244,7	261,6
Canadá							
Fluxos permanentes	174,2	189,9	227,3	250,5	229,1	221,4	235,8
Fluxos temporários	199,2	234,1	262,9	283,7	263,5	244,7	245,7
França	113,5	83,6	93,0	107,6	124,8	135,1	140,1
Grécia	38,2	–	–	–	–	–	–
Irlanda	21,7	22,2	27,8	32,7	39,9	33,0	33,2
Itália	*111,0*	*268,0*	*271,5*	*232,8*	*388,1*	*–*	*–*

	1998	1999	2000	2001	2002	2003	2004
Coreia	–	–	185,4	172,5	170,9	178,3	188,8
México							
Fluxos permanentes	48,6	42,2	41,1	35,7	32,4	–	–
Fluxos temporários	25,3	22,7	24,2	26,1	24,6	29,1	34,0
Nova Zelândia	27,4	31,0	37,6	54,4	47,5	43,0	36,2
Polónia	5,2	17,4	15,9	21,5	30,2	30,3	36,8
Portugal	6,5	10,5	15,9	141,1	61,5	21,0	14,1
Turquia	–	–	168,1	161,2	157,6	152,2	155,5
Reino Unido	287,3	337,4	379,3	373,3	418,2	406,8	494,1
EUA	–	–	–	–	–	–	–
Fluxos permanentes	654,5	646,6	849,8	1 064,3	1 063,7	705,8	946,1
Fluxos temporários	997,3	1 106,6	1 249,4	1 375,1	1 282,6	1 233,4	1 299,3
UE-25 (entre os países acima referidos) + Noruega e Suíça	*1 598,5*	*1 948,5*	*2 232,3*	*2 471,5*	*2 694,1*	*2 478,9*	*2 814,5*
América do Norte (migrantes permanentes)	*828,6*	*836,5*	*1 077,2*	*1 314,8*	*1 292,8*	*927,2*	*1 182,0*

Total (permanentes)	2 936,0	3 278,8	4 244,3	4 757,3	4 929,3	3 988,2	4 907,7
Total (temporários)	395,0	1 557,5	1 760,5	1 930,1	1 911,0	1 751,9	1 840,7
Total (temporários e permanentes)	*4 311,0*	*4 836,3*	*6 004,8*	*6 687,4*	*6 840,3*	*5 740,1*	*6 748,3*

Notas: os dados provenientes do registo civil da população residente não são plenamente comparáveis, na medida em que os critérios de registo diferem de país para país.

Os dados para a Holanda, a Noruega e, em particular, a Alemanha incluem um número considerável de requerentes de asilo.

Fonte: OCDE [2006].

TAB. 1.2. *A pressão migratória dos nossos «vizinhos»: alguns indicadores*

	Taxa de fertilidade (n.º crianças por mulher, 2004)	População total (milhões, 2005)	PNB per capita (milhares dólares EUA, 2005)	População com idade entre 0-15 anos (% população total)
ITÁLIA	1,3	57,5	30,0	14,1
		ESTE E SUDESTE EUROPEU		
Albânia	2,2	3,1	2,6	27,6
Bielorrússia	1,2	9,8	2,8	15,8
Bósnia-Herzeg.	1,3	3,9	2,4	16,9
Bulgária	1,3	7,7	3,5	14,1
Croácia	1,4	4,4	8,1	15,8
Macedónia	1,7	2,0	2,8	20,1
Moldávia	1,4	4,2	0,9	19,1
Polónia	1,2	38,2	7,1	16,8
Roménia	1,3	21,6	3,8	15,9
Sérvia e Mont.	1,7	8,2	3,3	18,6
Ucrânia	1,2	47,1	1,5	15,4

GLOBALIZAÇÃO E MOVIMENTOS HUMANOS | 29

		MEDITERRÂNEO		
Argélia	2,5	32,9	2,7	30,4
Egipto	3,2	74,0	1,3	33,9
Jordânia	3,4	5,4	2,5	37,6
Líbano	2,3	3,6	6,2	29,1
Líbia	2,9	5,9	5,5	30,4
Marrocos	2,5	30,2	1,7	31,5
Síria	3,3	19,0	1,4	37,4
Território Palestino	4,9	3,6	1,12 (dado de 2003)	–
Tunísia	2,0	10,0	2,9	26,7
Turquia	2,2	72,6	4,7	29,5

Fonte: Banco Mundial [2005].

GLOBALIZAÇÃO E MOVIMENTOS HUMANOS | 31

TAB. 4.1. *Programas de regularização nos EUA*

	Ano do programa	Número de pedidos	Número de regularizados	Taxa de acolhimento (%)	Tipo de autorização concedida
França	1981-82	150 000	130 000	87%	Residência permanente
	1997-98	150 000	87 000	–	Residência permanente
Bélgica	2000	50 000	desconhecido	–	Residência a longo prazo
Grécia[1]	1998	370 000 «carta branca»	370 000	100	Residência de 6 meses
	1998	228 000	220 000	96	Residência e emprego entre 1 a 5 anos
	«carta verde» 2001	368 000	228 000	62	Residência e emprego por 2 anos
Itália	1986	desconhecido	118 700	–	Visto temporário de trabalho
	1990	desconhecido	235 000	–	Residência de 2 anos

	1995	256 000	238 000	93	Residência de 1 ou 2 anos
	1998	308 323	193 200	63	Visto temporário de trabalho
	2002	700 000	634 728	91	Visto de trabalho de 1 ano
Luxemburgo	2001	2 894	1 839	64	Autorização de residência por seis meses para permitir que o requerente encontre trabalho, após a qual havia a possibilidade de autorizações de residências mais longas
Portugal	1992-93	80 000	38 364	48	Residência temporária
	1996	35 000	31 000	89	Residência temporária
	2001	Desconhecido	170 000	–	Autorização de residência por 1 ano com possibilidades

Espanha	1985	44 000	23 000	52	de renovação por 4 vezes. Passados 5 anos, o requerente fica automaticamente apto para residência permanente
					Autorização renovável de residência e de trabalho com validade de 1 ano
	1991	135 393	109 135	81	Autorização de residência por 3 anos
	1996	25 000	21 300	85	Autorização de residência por 5 anos
	2000	247 598	153 463	62	Autorização de residência e trabalho por 1 ano
	2001	350 000	221 083	63	Autorização de residência por 1 ano
	2005	Desconhecido	700 000	—	Autorização por 1 ano

				renovável Autorização de trabalho por 1 ano
Reino Unido	1998	Desconhecido	200	—
EUA	1986 – Programa geral de legalização Trabalhadores agrícolas especiais	1,7 milhões 1,3 milhões	1,6 milhões 1,1 milhões	94 Residência legal permanente 85 Residência legal permanente

[1] Na Grécia, a «carta branca» dava uma autorização de residência de seis meses e era um pré-requisito para obter a «carta verde», que dava uma autorização de residência de 1 a 5 anos.

Fonte: Levinson [2005].

GLOBALIZAÇÃO E MOVIMENTOS HUMANOS | 35

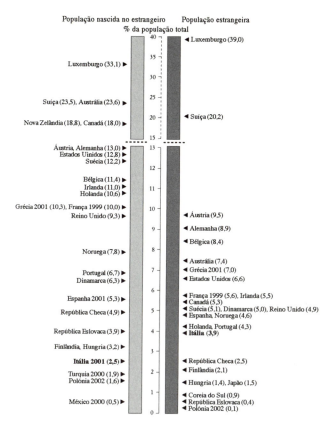

FIG. 1.1. Quota da população estrangeira e da população nascida no estrangeiro em alguns países da OCDE (os dados referem-se a 2004 caso não haja indicação contrária).

Nota: A definição de imigrante e a relativa mensuração do fenómeno nas estatísticas oficiais varia de país para país. Alguns países em particular, entre os quais os Estados Unidos, Austrália, Canadá e outros, apresentam estatísticas principalmente sobre a população nascida no estrangeiro (dado que essa reflecte a população de migrantes de primeira geração quer de estrangeiros, quer de cidadãos). Outros países, como os europeus, produzem principalmente dados sobre a população estrangeira (a definição e a composição exacta depende da lei de cada país, das regularizações, etc.); para um aprofundamento veja-se OCDE [2006].

Fonte: OCDE [2006].

A mera existência de factores de impulso e de atracção é uma condição necessária mas não suficiente para determinar o valor dos fluxos migratórios de saída dos países pobres. Nem todos os que teoricamente poderiam beneficiar da migração estão em condições de o fazer, na medida em que essa escolha é complexa e cara. Factores como a falta de informações adequadas, a pobreza extrema, a forte radicação social no país de origem ou, às vezes, as próprias políticas migratórias dos países de destino, reduzem a dimensão do fenómeno migratório.

A relação entre a propensão a migrar e a diferença do nível de rendimento entre países de origem e países de destino, em particular, não é de todo linear, como

tor de forma discursiva e sem um tratamento rigoroso da importância relativa de cada uma delas. Remetemos o leitor interessado num maior aprofundamento para alguns trabalhos recentes [Clark, Hatton e Williamson 2002; Mayda 2006b; Pedersen, Pytlikova e Smith 2004].

podemos ver de forma esquemática na figura 1.2 que representa o «ciclo de vida da emigração» de um hipotético país de origem em função do rendimento médio *per capita* (considerando como constante o rendimento do hipotético país de destino).

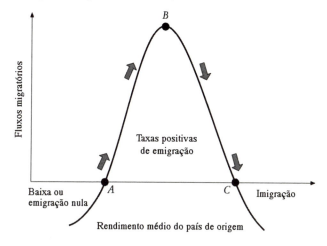

FIG. 1.2. Emigração e crescimento do rendimento médio nos países de origem.

As taxas de emigração dos países mais pobres do mundo, ao contrário do que poderíamos esperar, não são das mais elevadas. Nestes países, onde grande parte da população vive abaixo do limiar de pobreza, são poucos os indivíduos e as famílias capazes de financiar um projecto migratório fora das fronteiras nacionais.

Com o aumento do rendimento, a acumulação gradual de recursos financeiros permite que um número crescente de indivíduos supere os custos da migração. Com efeito, os países em vias de desenvolvimento, com um rendimento *per capita* intermédio, são os principais países de origem do exército global dos migrantes. A figura 1.2 pressupõe a existência, nos países em vias de desenvolvimento, de uma «faixa migratória» (*migration band*) do rendimento na qual os fluxos migratórios são mais elevados[3].

Conjecturando que todas as outras causas de migração são fixas, o que acontecerá se no país de origem o rendimento médio começar a aumentar em relação ao país de destino (em virtude de um processo de desenvolvimento económico para o qual poderá contribuir a própria emigração; veja-se o capítulo 3)? Apesar da redução do diferencial salarial entre os dois países, que constitui uma das principais razões da migração, os fluxos de saída, num primeiro momento, aumentam[4]. Tal

---

[3] A existência de uma *migration band* verificou-se em inúmeros estudos. Por exemplo, o trabalho de Stark e Taylor [1991], baseado em entrevistas feitas em aldeias mexicanas, identifica uma propensão máxima a migrar por um nível de rendimento de cerca de 3 000 dólares americanos.

[4] Também se verifica um efeito semelhante na experiência migratória italiana no início do século passado. Faini e Venturini [1994] demonstram que há uma maior emigração na sequência do aumento do nível de rendimento real em Itália.

sucede principalmente por dois motivos. Primeiro, o aumento do rendimento, sobretudo se for generalizado entre a população do país de origem, permite a um maior número de pessoas enfrentar o projecto migratório: o crescimento económico elimina parcialmente, ou *in totó*, a «armadilha da pobreza» que reduz a capacidade (mas não a vontade) de migrar. A segunda razão prende-se com a redução do custo da emigração: quando os fluxos migratórios para um país são cada vez mais crescentes e se começam a formar comunidades de migrantes da mesma origem, os custos individuais da migração, quer financeiros, quer psicológicos (associados à distância física e cultural entre países diferentes), diminuem significativamente. O papel das redes (ou *networks*) migratórias foi amplamente estudado pela literatura económica e sociológica: os familiares e/ou co-nacionais que já estão no país de destino desempenham uma função relevante de apoio financeiro, logístico e de informação para os recém-chegados.

Posteriores melhorias das perspectivas económicas no país de origem desencadeiam, acima do nível limiar (o *ponto B* na fig. 1.2), uma redução da propensão a emigrar. Por seu turno, um grande número de migrantes acharam conveniente regressar à pátria (migrações de regresso). Haverá, por fim, um limiar, representado na figura pelo *ponto C*, acima do qual o país se tornará de novo pólo de atracção de fluxos de migrantes.

A figura 1.2 relaciona o valor dos fluxos de saída com uma só das diversas causas das migrações: o rendimento no país de origem (em comparação com o rendimento do país de destino). Mas a posição exacta e a forma da curva do *ciclo de vida da emigração de um país*, e, portanto, a propensão agregada à emigração desse país, dependerá igualmente de outros factores como:

- *a distância geográfica e cultural dos principais países de destino*. Uma curta distância geográfica ao reduzir o custo da migração origina, em pé de igualdade com outros factores, fluxos de saída mais consistentes (veja-se as migrações entre o México e os EUA, ou entre a Albânia e a Itália). A proximidade faz com que o movimento migratório não seja caro e permite viagens frequentes entre os países de origem e de destino. Efeito análogo é produzido por conhecimentos linguísticos comuns ou pelo passado colonial (por exemplo fluxos migratórios da Argélia para França, ou de Cabo Verde e Brasil para Portugal). Uma distância menor induz a uma deslocação do *ponto A* na figura 1.2 para a esquerda, reduzindo assim o rendimento mínimo necessário ao desencadeamento de processos migratórios. A distância cultural não é uma medida estatística, mas geralmente tende a diminuir ao longo do tempo, reduzindo os custos das migrações para as futuras vagas de migrantes. O mecanismo princi-

pal desta redução dos custos da migração, com o aumento do número de migrantes, é a presença de uma *network* ou de redes migratórias (para uma análise teórica sobre o papel activo das comunidades de migrantes no desencadeamento de posteriores vagas migratórias veja-se o trabalho recente de Coniglio [2004] e a bibliografia nele citada);
* *a qualidade das instituições nos países de origem.* A duração do ciclo de emigração depende consideravelmente do modo como um rendimento médio mais elevado se traduz em «oportunidades» socioeconómicas para vastas faixas da população. A qualidade das instituições tem efeitos directos e indirectos na propensão à migração. O efeito directo prende-se com o facto de um contexto institucional mais evoluído, processos decisionais democráticos e uma adequada *governance* das políticas públicas garantirem por si só um maior bem-estar e reduzirem o incentivo à migração. O efeito indirecto deve-se à importância de haver boas instituições no desencadeamento de um processo de desenvolvimento económico que, ampliando as oportunidades, reduz a propensão a emigrar;
* *a ocorrência de crises, conflitos e carestias.* Eventos extremos como conflitos bélicos, revoluções e carestias, produzem intensos fluxos migratórios de saída [Chiuri, De Arcangelis e Ferri 2005];

- *as disparidades económicas internas nos países de origem.* Uma elevada concentração do rendimento nas mãos de uma pequena elite, característica comum de inúmeros países em vias de desenvolvimento, pode significar uma forte pressão migratória em vastas camadas da população. Com efeito, a migração representa, muitas vezes, a única via de mobilidade social;
- *a estrutura demográfica dos países de origem (e de destino).* A decisão de migrar está fortemente ligada ao ciclo de vida do indivíduo. A propensão a migrar atinge um pico na faixa etária compreendida entre os 15 e os 25 anos. Portanto, a par de outras condições, países com alta taxa de fertilidade e com populações «jovens» apresentam taxas de emigração mais elevadas. A este efeito directo associa-se um efeito posterior e mediato do mercado de trabalho: um crescente número de jovens que surge no mercado de trabalho piora, pelo menos a curto e médio prazo, as condições do próprio mercado provocando desemprego ou subdesemprego que, por sua vez, incentiva fortemente a migração. Por outro lado, taxas de fertilidade reduzidas e uma elevada idade média nos países de destino aumentam a capacidade de absorção (e, sobretudo, a necessidade) de fluxos migratórios de entrada;
- *as políticas migratórias no país de destino.* O sistema de regras que caracteriza o fenómeno da imigração

desempenha um papel fundamental na determinação dos custos e benefícios para os migrantes e, por conseguinte, do valor dos fluxos migratórios. Na primeira fase de globalização entre o fim do século XIX e o início do século XX, o papel activo de alguns governos dos países do Novo Mundo, ávidos de trabalho e abundantes em terra, foi decisivo para o aumento dos fluxos migratórios. Políticas migratórias restritivas, típicas da actual fase de globalização, ao invés, levam a custos adicionais que têm como objectivo explícito a redução dos fluxos de entrada. Se, por um lado, é verdade que as políticas migratórias influenciam, ou melhor, procuram influenciar, a dimensão dos fluxos, por outro, são determinadas pelo valor dos fluxos passados. Por outras palavras, são a resposta, como veremos no próximo parágrafo, dos nativos ao fenómeno da imigração.

Os factores de impulso e de atracção mudam no tempo (e no espaço), como demonstra o passado não muito distante, em que o nosso país era um dos principais países de emigração no mundo.

Será plausível uma diminuição natural da pressão migratória para os países desenvolvidos e, em particular, para Itália? A resposta é, seguramente, não. A *oferta de migrantes* está em franco aumento, assim como o número de países de origem, muitos deles nossos vizinhos do Mediterrâneo (tab. 1.2), com um nível intermédio de desenvolvimento, populações relativamente jovens e com altas taxas de fertilidade.

E a *procura de migrantes* também está em franco crescimento: as economias avançadas, com uma estrutura demográfica cada vez mais pendente para classes etárias elevadas, necessitam de um abundante fluxo de força de trabalho qualificada e não qualificada. É difícil pensar numa Itália sem imigrantes: a estrutura produtiva e os desequilíbrios sociais do país sofreriam efeitos nefastos. Não seria só uma Itália sem auxiliares, com o provável desmoronamento do sistema de assistência médica, mas uma Itália com inteiros sectores de produção (da agricultura à indústria) em grave crise produtiva, associada à impossibilidade de substituir a força de trabalho imigrante por outros trabalhadores. A imigração realiza a tarefa crucial de «olear» um mercado de trabalho cada vez mais rugoso e idoso e de trazer para o país uma nova linfa vital, novos braços, novos cérebros e novas ideias. Os sinais do mercado de trabalho italiano indicam que a capacidade de absorção de migrantes por parte do nosso país não se esgotou de todo: o aparecimento e o robustecimento do exército dos invisíveis são prova irrefutável disso. Se a procura e a oferta de migrantes forem fortes e vigorosas, como o são nesta fase histórica, políticas obtusamente restritivas, corrigidas de vez em quando por inevitáveis regularizações de massa dos migrantes irregulares, não podem ser senão uma resposta ineficaz e perniciosa.

O aumento dos fluxos migratórios em Itália, além de ser uma certeza para quem escreve, é também um augúrio. Uma diminuição da imigração constituiria um sinal preocupante: a falta de atractividade do nosso país poderia ser um sinal inequívoco de um acentuado declínio económico.

Deveria parecer evidente ao leitor que a globalização engrossa as fileiras do exército dos migrantes. Não é uma história absolutamente nova. Há precisamente um século, na época definida como «primeira globalização», o mundo moderno experienciou a primeira das migrações de massa «livres». Cerca de 1906-08 atinge-se o pico de emigração do nosso continente só para as Américas (mais de metade para os EUA) com cerca de 1,5 milhões de migrantes por ano. Entre 1820 e 1913, mais de 50 milhões de indivíduos, entre os quais um número muito elevado de italianos, deixaram a Europa para o Novo Mundo [Hatton e Williamson 2005]. Há, no entanto, uma diferença fundamental entre a globalização de outrora, com a consequente e forte mobilidade do trabalho a que deu origem, e a globalização de hoje: a reacção dos governos dos países de acolhimento. Grande parte da migração de outrora ocorreu num contexto de quase total ausência de políticas de regulamentação dos fluxos de entrada, uma imigração «livre» (e muitas vezes estimulada pelos próprios governos dos países anfitriões). A migração de hoje faz-se «não obstante» as políticas migratórias cada vez mais restritivas dos países de destino, como veremos nos próximos parágrafos e capítulos.

2. Migrações e reacções dos governos dos países de acolhimento

A história da humanidade demonstra claramente que a migração representa o maior motor de mudança estrutural das sociedades em todos os seus aspectos (económicos, sociais e culturais). Mas como é que reagiram os governos dos países de destino ao contínuo crescimento dos fluxos migratórios? Nenhuma outra componente da globalização desencadeou debates tão acesos e participados quanto o movimento de pessoas entre fronteiras nacionais.

Como vimos no parágrafo anterior, as políticas migratórias raramente são negligenciáveis quando se pretende determinar as dimensões e características efectivas dos fluxos migratórios. Tal só se verifica quando são plenamente liberais e, portanto, não alteram a livre interacção entre a procura e a oferta de migrantes. Mas, em geral, as políticas migratórias são deturpadoras. Os governos dos países de imigração (emigração) podem adoptar políticas de atracção de imigrantes (encorajamento à emigração) – atribuindo subsídios ou benefícios de vária ordem – procurando assim induzir um aumento dos fluxos para além do equilíbrio do mercado livre, ou podem pôr em prática políticas restritivas – taxando ou tornando, de outra forma, mais difícil a imigração (a emigração) – visando a redução dos afluxos (e defluxos).

A direcção até agora tomada pelas políticas foi unívoca como se pode ver pela figura 1.3. Em 2001, 44% dos países desenvolvidos estava dotado de políticas migratórias, cuja principal finalidade era a adopção de medidas activas com vista à redução dos fluxos de entrada ou dos níveis de imigração, considerados demasiado elevados. Em 1976, só 17,6% dos países desenvolvidos tinha implementado políticas restritivas. É curioso notar que, mesmo para um crescente número de países em vias de desenvolvimento, a tendência é para uma crescente introdução de medidas de controlo dos fluxos de entrada (40,3% dos países em 2001).

O que estará na base desta atitude contrária à imigração que parece determinar a definição das políticas actualmente em vigor? Um recente estudo, baseado em dados do *International Social Survey Programme* e no *World Value Survey*, Anna Maria Mayda [2006a], salienta que as razões que estão na base das preferências individuais (e, se predominantes, colectivas) negativas em relação à imigração têm de ser procuradas quer na aversão à mudança social e cultural (por exemplo, perda de identidade nacional), quer nas consequências que a imigra-

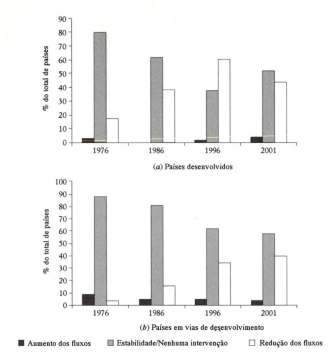

FIG. 1.3. Objectivo principal das políticas migratórias de países desenvolvidos e países em vias de desenvolvimento: a tendência proteccionista.

Fonte: Nossa elaboração com base nos dados da Organização das Nações Unidas [2002].

ção (sobretudo de trabalhadores menos qualificados) tem no mercado de trabalho e na distribuição do rendimento. O trabalho de Mayda coloca em evidência que os trabalhadores mais qualificados e instruídos são geralmente favoráveis à imigração, ao contrário dos trabalhadores com menor qualificação. Este resultado vai ao encontro do que prevê a literatura económica sobre a matéria, que evidencia os efeitos positivos nos trabalhadores qualificados dos países de acolhimento e, às vezes, negativos, embora de pouca monta, nos menos qualificados, potencialmente concorrentes directos dos migrantes no mercado de trabalho (veja-se o quadro 3.4 para um maior aprofundamento). As atitudes contrárias entre trabalhadores qualificados e não qualificados são prova indirecta de um diferente impacto económico da imigração que, seguramente, é oportuno ter em conta, mas que não justifica a adopção de políticas restritivas como as que estão actualmente em vigor nos países avançados. A resposta proteccionista é ineficiente, pelo menos, por três motivos. Primeiro, o encerramento das fronteiras implica uma renúncia aos efeitos positivos da emigração que, geralmente, têm um valor de longe superior aos efeitos negativos. Segundo, tornar mais difícil a entrada através de políticas restritivas não parece ser eficaz à luz do forte aumento da imigração irregular que origina. Por último, as políticas restritivas geram elevados custos, que se devem ter em conta, para os migrantes, para os países de origem e para os de destino.

3. O exército dos invisíveis: as causas, a dimensão do fenómeno e as dificuldades de mensuração

Qual a relevância do fenómeno da imigração ilegal actualmente? É impossível dar uma resposta exacta a esta interrogação, na medida em que a população dos migrantes ilegais escapa às estatísticas oficiais. Não obstante estas dificuldades, há algumas estimativas do fenómeno (para uma referência às metodologias de mensuração veja-se o quadro 1.1). A tabela 1.3 reporta algumas das estimativas realizadas para uma série de países da OCDE. Não é surpreendente constatar que os EUA são o país mais atingido pelo fenómeno com uma estimativa em torno dos 10 milhões de migrantes irregulares. O fenómeno também é digno de relevo no nosso país (cerca de 700 000 irregulares em 2002) e nos países do Sul da Europa, como Espanha, Portugal e Grécia, onde a dimensão da economia paralela representa um íman para a entrada de migrantes irregulares.

A dimensão do fenómeno é a prova mais evidente da ineficácia das políticas restritivas adoptadas pelos países avançados.

Mas por que é que tais políticas, sozinhas, não atingem o objectivo de travar os fluxos? A introdução de uma política restritiva num país acrescenta mais um custo ao já oneroso «investimento migratório» daqueles que pensam mudar-se para essa nação. São precisas

TAB. 1.3. *Estimativa da população de migrantes irregulares em alguns países da OCDE*

	Número	% da população total	Ano	Método de estimativa
Austrália	50 000	0,2	2005	Sistema *double card*
Japão	210 000	0,2	2005	Sistema *double card*
EUA	10 300 000	3,6	2004 (18)	Método residual
Holanda	125 000 – 230 000	0,8-1,4	2004	*Capture-recapture*
Suíça	80 000 – 100 000	1,1-1,5	2005	Método Delphi
Espanha	690 000	1,6	2005 (4)	Regularização
Itália	700 000	1,2	2002 (4)	Regularização
Portugal	185 000	1,8	2001 (6)	Regularização
Grécia	370 000	3,4	2001 (3)	Regularização

Nota: O número em parêntesis indica o número de anos passados desde a anterior regularização. O número de regularizados inclui exclusivamente aqueles que fizeram o pedido de regularização e, por conseguinte, é considerado uma estimativa mínima da população de migrantes irregulares.

Fonte: OCDE [2006].

pelo menos duas condições para que esse instrumento sirva de desincentivo. Em primeiro lugar, o potencial migrante deve ter, antes de migrar, um bom conhecimento da política migratória do país de destino e do seu nível de restrição.

■

QUADRO 1.1.

As técnicas de mensuração da população clandestina

O fenómeno da imigração clandestina ou irregular implica claros problemas de mensuração que levaram os estudiosos de demografia a desenvolver sofisticados métodos de estimativa desta população esquiva às estatísticas oficiais. Seguindo Jandl [2004], reportamos uma breve descrição dos métodos mais utilizados.

Método de estimativa residual

Este método baseia-se numa comparação dos dados censitários com outras fontes de dados da imigração. Nos EUA, com base nos dados de migrantes e da população que aparecem no CENSUS 2000 e nos dados do Serviço de imigração e naturalização (*Immigration and Naturalization Service*, INS), na *Current Population Survey* de 2004 e em outros dados preexistentes, estima-se que a população irregular fosse, em 2004, cerca de 10,3 milhões de indivíduos. Para os países europeus, essa técnica não é geralmente utilizada na medida em que os dados censitários subestimam fortemente a população irregular.

Métodos de estimativa baseados no princípio do multiplicador

Com base neste método estatístico, há a hipótese de a população de migrantes irregulares (não observável) ter uma relação estável com uma variável que, ao invés, pode ser medida com uma certa precisão igual à da população de migrantes regulares. A dificuldade principal é encontrar o valor correcto do multiplicador, ou seja, a presumível relação entre o número de migrantes regulares e irregulares. Os métodos aplicados diferem principalmente no modo como é identificado esse multiplicador. Por exemplo, esse número pode ser deduzido utilizando dados sobre o recurso dos migrantes ilegais a serviços de saúde e comparando-os com os dos migrantes regulares; utilizando dados sobre taxas de nascimento e de mortalidade de migrantes irregulares e regulares; através de métodos indirectos como o consumo de electricidade ou de pão.

Métodos de estimativa Delphi

Às vezes, recorre-se a «observadores privilegiados» para estimar um multiplicador apropriado. Essa aproximação foi um exemplo seguido na Suíça onde cerca de 800 empregadores foram entrevistados para fazer uma estimativa sobre a percentagem de trabalhadores irregulares empregados no seu sector económico. Mesmo esta variante não está isenta de dificuldades; no caso suíço, o número de irregulares oscila entre os 80 000 e os 100 000 consoante o método em que se calcula a média dos multiplicadores fornecida pelos entrevistados.

O método «capture-recapture»

Este método, concebido inicialmente por biólogos, aplica-se ao campo da imigração, pelo que as medidas de expulsão infligidas pelas forças de ordem num período de tempo podem dar informações essenciais para calcular a relação entre população residente estrangeira regular e irregular. É a técnica utilizada na Holanda, onde os migrantes irregulares, segundo a estimativa efectuada em 2004, oscilariam entre 125 000 e 230 000.

Métodos baseados nas regularizações

Em países como a Itália, que utilizam frequentemente as regularizações, as estatísticas dos indivíduos que fazem o pedido representam um bom indicador da dimensão da imigração clandestina. Assim, com base no número de pedidos apresentados na sequência do acto de regularização efectuado em Itália, no Outono de 2002, estima-se que os migrantes irregulares no nosso país, nesse mesmo ano, fossem pelo menos 700 000. Todavia, a qualidade do indicador depende muito do correcto funcionamento da regularização. Se nem todas as categorias de migrantes poderem beneficiar dela, o número de pedidos representará uma subavaliação do fenómeno. Além disso, se a medida de regularização, por si só, incentiva novas migrações ou migrações de irregulares presentes em países limítrofes, então a exactidão da estimativa é pouco credível.

Métodos baseados no sistema «double card»

Trata-se de uma técnica comum em nações como o Japão e a Austrália, com sistemas muito sofisticados de controlo das chegadas e das partidas, que permitem verificar a presença de estrangeiros no território nacional além do período permitido pelo visto de entrada. Com base nesta técnica, a população ilegalmente residente na Austrália, em 2005, seria de 50 000 e no Japão de 210 000.

∎

Atendendo aos resultados da nossa investigação sobre Itália, ilustrados no capítulo 2, uma parte considerável de indivíduos migra num contexto de informação incompleta e aproximativa; poucos, de facto, conhecem os riscos que terão de enfrentar ao migrarem clandestinamente, ou tomam conhecimento antes de partir da existência e do funcionamento da chamada lei Bossi-Fini. Em segundo, o custo imposto pela política restritiva deve ser muito alto de forma a condicionar e subverter os benefícios esperados pelo migrante. A política restritiva insere-se entre uma procura de imigrantes por parte da economia dos países de destino e uma oferta de migrantes nos países em vias de desenvolvimento, alterando as vantagens recíprocas decorrentes do encontro entre procura e oferta.

A disponibilidade de indivíduos provenientes de países em vias de desenvolvimento a *migrar ilegalmente (oferta)* é crescente na presença de diferenciais salariais mais altos, de menores custos de migração e de uma menor eficácia da política migratória, medida quer pela probabilidade de detenção, quer pela severidade da sanção prescrita. Esta última variável tem um efeito que depende da disposição do migrante clandestino para o risco: por exemplo, um aumento da intensidade dos controlos poderá surtir efeitos mais do que proporcionais se o imigrante for avesso ao risco, proporcionais se for neutro e mais limitados se for um amante do risco. Com efeito, a imposição de barreiras não consegue travar as principais causas da emigração: situações socioeconómicas difíceis nos países de origem, guerras e carestias, crescimento demográfico, desemprego, etc.

A imigração irregular seria muito limitada se os migrantes não tivessem nenhuma probabilidade de encontrar emprego, ou seja, se a par da disponibilidade para migrar não houvesse uma *procura de trabalhadores imigrados em situação ilegal* nos países de destino. O incentivo económico à contratação de imigrantes, mesmo em condições de irregularidade, é maior se a sociedade do país de acolhimento registar uma redução no tempo da força de trabalho, uma idade média da população cada vez mais alta, sectores em expansão, uma indisponibilidade dos cidadãos para desempenhar trabalhos pouco qualificados. Todavia, o incentivo para contratar clandestinos pode diminuir se os mesmos tiverem uma produtividade mais baixa do que a dos trabalhadores do país de destino, ou se a sanção imposta aos empresários em caso de contratação de trabalhadores clandestinos for suficientemente alta.

Se, portanto, quer os imigrantes, quer os empresários têm benefícios, existirá também uma *ratio* do ponto de vista económico que justifique a aprovação de uma normativa legal que limite os fluxos migratórios? O leitor, nesta altura, deveria ter uma ideia suficientemente clara de que, no parecer de quem escreve, as vastas fileiras de imigrantes irregulares são o fruto envenenado do governo falhado da globalização. Portanto, parece-nos que a solução tem de ser encontrada em acções credíveis de orientação dos fluxos migratórios que tenham em linha de conta todos os interesses em jogo. Um exemplo do que não se deve fazer é usar ciclicamente os fluxos para aplacar as tensões no mercado de trabalho nacional e regularizar com frequência os migrantes irregulares. Reservando as nossas propostas para o fim do livro, o que procuraremos fazer no resto do volume é analisar em pormenor os aspectos mais estritamente económicos da condição de irregularidade dos imigrantes. A dimensão do problema, naturalmente, não se esgota nos aspectos económicos.

Todavia, como nos esforçaremos por demonstrar, as distorções de natureza económica introduzidas pela irregularidade e os respectivos custos são substanciais (veja-se o cap. 3) e tão altas que preocupam não só os migrantes directamente interessados, mas também os seus países de origem e a opinião pública dos países ricos que os acolhem.

As decisões colectivas, de um modo geral e não só em questões ligadas às migrações, para serem eficazes têm de encontrar fundamento numa informação adequada sobre o problema que se pretende abordar. Nesta vertente, as políticas para contrariar a imigração clandestina enfrentam uma forte dificuldade. Como regularizar o fenómeno se se sabe muito pouco sobre o mesmo? Quem são as razões das suas escolhas e quais as suas expectativas? O objectivo do próximo capítulo é fornecer algumas respostas a estas interrogações cruciais.

CAPÍTULO II
Quem são os imigrantes irregulares?
Uma análise microeconómica

> Decidi vir para a América porque soube que as ruas eram calcetadas com ouro. Quando cheguei, dei-me conta de três coisas: primeira, nenhuma rua era calcetada com ouro; segunda, não estavam de todo calcetadas; terceira, esperava-se que fosse eu a calcetá-las.
>
> Velha História Italiana, Ellis Island,
> Museu da Imigração nos EUA

O rápido crescimento da mobilidade internacional, apesar das restrições impostas pelas leis nacionais, alimentou um interesse generalizado em conhecer a realidade complexa da imigração clandestina. A curiosidade por parte de um vasto público não se prende só com o medo da novidade, agravado pelas frequentes notícias nos meios de comunicação de casos de violência e de exclusão gerados pela convivência de diferentes culturas pouco integradas, mas também com a necessidade de conhecer melhor uma componente crescente da sociedade civil e de prever o seu impacto no contexto socioeconómico dos países anfitriões.

Como já discutimos no capítulo 1, se a análise das migrações legais deve ter expressamente em conta as decisões da política migratória tomadas pelo país anfitrião, que condicionam cada vez mais as suas características, estudar as migrações ilegais permite, em contrapartida, esclarecer melhor as causas que desencadeiam o fenómeno e identificar uma possível resolução do mesmo.

Quais são, então, as causas? De que contextos culturais e socioeconómicos provem o impulso à migração? Qual o grau de consciência do risco que se corre ao emigrar irregularmente? Que expectativas alimentam estes migrantes em relação ao futuro?

Dar uma resposta a estas perguntas exige um estudo aprofundado do fenómeno que as estatísticas oficiais, escassas e predominantemente centradas na imigração regular, não permitem dar. Por outro lado, a ausência de fontes estatísticas sobre imigração irregular justifica a limitação do debate científico sobre o tema e a inadequação dos instrumentos da política migratória até agora utilizados.

O contributo que nos propomos dar, neste capítulo, baseia-se em informações recolhidas numa investigação recente, denominada *Survey on Irregular Migration in Italy* (SIMI), conduzida por um grupo de investigadores da Universidade de Bari, do qual fazem parte os autores deste livro. O estudo tem como objectivo analisar as causas da imigração ilegal em Itália, as condições socioeconómicas do migrante no país de origem e as expectativas de rendimento, de regresso e de restabelecimento uma vez alcançado o destino final, com base nas respostas dadas por uma amostra de 920 imigrantes irregulares chegados a Itália há não mais de seis meses à data da entrevista.

Com base na investigação e noutros estudos sobre o tema procuraremos contar as histórias mais penetrantes que caracterizam o mundo dos migrantes clandestinos que acabavam de alcançar a meta final, Itália, ou que, através de Itália, procuravam aportar numa outra nação europeia. Mas, antes, daremos algumas referências úteis aos leitores sobre os riscos que corre um migrante em Itália, atendendo à lei vigente, por fazer parte do exército dos invisíveis e reportaremos no quadro 2.1 maiores pormenores da pesquisa SIMI.

1. **Como se tornam clandestinos em Itália: entre medidas judiciais e Centros de Instalação Temporária e de Assistência**

O quadro legislativo de referência em Itália está contido no «Documento único das disposições respeitantes à disciplina da imigração e normas sobre a condição dos estrangeiros» (para abreviar d.u. sobre a imigração) introduzido pelo decreto-lei de 25 de Julho de 1998, n.º 286 (também chamado lei Turco-Napolitano), modificado pelo decreto-lei de 30 de Julho de 2002, n.º 189 (também chamada lei Bossi-Fini) e posteriormente concluído com o decreto presidencial de 18 de Outubro de 2004, n.º 334.

A entrada de estrangeiros em Itália, provenientes de fronteiras fora do espaço Schengen,[1] é permitida a quem satisfizer os seguintes requisitos:

- apresentação num posto fronteiriço;
- possuir um passaporte ou outro documento de identificação válido;
- dispor de documentos que justifiquem a finalidade e as condições de permanência e demonstrar ter meios financeiros suficientes durante a mesma e para os custos de regresso ao país de proveniência;

---

[1] Schengen é um acordo de cooperação entre alguns dos estados aderentes à UE-15 (auto-excluíram-se, por agora, Inglaterra e Irlanda) que visa favorecer a livre circulação dos cidadãos. A Itália entrou no espaço de livre circulação aeroportuária em Outubro de 1997. É garantida a livre circulação a todos, cidadãos comunitários ou não; os controlos são, ao invés, previstos nas fronteiras exteriores e são efectuados graças à ligação com o Sistema informativo Schengen, que permite expulsar uma pessoa indesejada ou indesejável para qualquer um dos estados membros.

- ter, quando exigido, um visto de entrada ou de trânsito válido;
- não constar do Sistema informativo Shengen para efeitos de não admissão;
- não constituir um perigo para a ordem pública, segurança nacional e relações internacionais de nenhum estado da zona Schengen;
- não ter sido condenado por crimes graves.

Os cidadãos extracomunitários, que entram de forma regular no território italiano, têm a obrigação de requerer, no prazo de oito dias após a entrada, a autorização de permanência ao comandante da polícia da área em que pretende residir. O mesmo, ao levantar a autorização, deve provar que cumpriu outras obrigações, tais como a subscrição de um seguro de saúde válido em Itália ou a inscrição no Serviço Nacional de Saúde (SSN) e tem de fornecer as suas impressões digitais.

A duração da autorização de permanência será definida pelo visto de entrada emitido pelos representantes consulares italianos nos países de proveniência e, em todo o caso, não superior a três meses por semestre para *as permanências de curta duração*. Os *vistos de longa duração*, ao invés, são os previstos para o trabalho sazonal, trabalho autónomo, trabalho subordinado e reagrupamento familiar – os mais numerosos –, e também para estudo, residência, culto religioso, actividades desportivas e adopção.

No caso de requerimentos de permanência de longa duração, os posteriores e inúmeros requisitos necessários dependem da natureza do visto[2].

Portanto, a condição de ilegalidade cria-se assim que não se observar uma das inúmeras condições previstas numa das fases do longo processo para a obtenção da autorização de permanência. Por outras palavras, comete-se um crime administrativo, ao qual se segue uma *medida de afastamento na fronteira*, ou uma *medida de afastamento com acompanhamento à fronteira*, consoante as circunstâncias em que se foi interceptado.

Se não estiver na posse de nenhum documento de identidade, o estrangeiro será transferido para os *Centros de Instalação Temporária*, onde poderá ficar retido até 60 dias no máximo. Uma vez averiguada a sua identidade, no caso de haver um meio de transporte disponível será reenviado para o país de origem; senão o estrangeiro receberá uma *guia de marcha* que ordena o abandono do território do estado no prazo de cinco dias. Nesta circunstância, para o estrangeiro, poder-se-á iniciar um período de permanência na sombra do território italiano ou europeu.

Se, contudo, for encontrado a transgredir a ordem de deixar o país, o estrangeiro é punido com prisão de

---

[2] O sistema actualmente em vigor é muito complexo. Por razões de espaço remetemos o leitor interessado para os textos da norma vigente.

seis meses a um ano. A expulsão impede a entrada em Itália e o acesso a qualquer tipo de regularização antes de passarem dez anos, excepto com uma autorização especial do ministro do Interior. Em caso de transgressão, o estrangeiro comete o crime de imigração clandestina que prevê pena de prisão por um período de um a quatro anos.

Quer a lei Turco-Napolitano, quer a sucessiva Bossi-Fini prevêem a estipulação de acordos internacionais com a finalidade de envolverem os países de origem na aplicação da estratégia restritiva. Trata-se de *acordos de readmissão*[3] em que os estados signatários se comprometem a readmitir os seus cidadãos, ou os cidadãos de países terceiros que transitaram no país signatário antes de entrar ilegalmente em Itália, a seguir a uma rápida averiguação da nacionalidade do imigrante, através dos documentos de viagem ou de uma audição junto da representação diplomática mais próxima do país que deverá readmiti-lo.

Originariamente, o incentivo para os países signatários respeitarem os acordos era constituído pela oferta de quotas mais consistentes de fluxos de entrada para

---

[3] São muitos os países que assinaram um acordo de readmissão com Itália. Trata-se da Albânia, Argélia, Bulgária, Croácia, Estónia, Macedónia, Geórgia, Sérvia e Montenegro, Letónia, Líbia, Lituânia, Marrocos, Nigéria, Polónia, Roménia, Eslováquia, Eslovénia, Tunísia e Hungria.

trabalho[4] como recompensa pelo procedimento de readmissão e pela aplicação de regras mais severas de bloqueio aos migrantes clandestinos no seu território. Todavia, o endurecimento da política migratória italiana, a gestão cada vez mais vinculadora do decreto de fluxos e a dificuldade de encontrar um equilíbrio, à distância, entre a procura e a oferta de trabalho, para além da lei Bossi-Fini, tornaram o incentivo pouco credível para os países de origem ao longo dos tempos.

Para Itália, os acordos transformaram-se num instrumento para melhorar, ainda que só temporariamente, a eficácia da política de combate à imigração clandestina, na medida em que permitem expulsões mais céleres com acompanhamento imediato à fronteira, sem recurso à magistratura, mas negando ao estrangeiro qualquer direito de defesa.

A temporaneidade da eficácia dos acordos, no entanto, reside no facto de esta política ter produzido ao longo do tempo uma constante alteração da geopolítica do tráfico de clandestinos que, da costa albanesa, se deslocou gradualmente para a costa turca, tunisina e líbica, mas não contribuiu muito para reduzir o fluxo geral dos migrantes.

---

[4] Segundo a norma vigente, o governo fixa a quota de trabalhadores estrangeiros que podem, por ano, requerer um visto de entrada em Itália por motivos de trabalho.

A lei Bossi-Fini introduziu posteriormente uma maior rigidez no procedimento de requerimento e de reconhecimento de *asilo*, prevendo que os requerentes se mantenham nos *Centros de Identificação ou de Assistência* durante o tempo necessário à verificação da nacionalidade, da identidade e de outros elementos do requerimento. Este facto, aliado à baixa probabilidade de reconhecimento do estatuto em Itália e nos outros países industrializados, levou o Alto Comissariado das Nações Unidas para os Refugiados (ACNUR) a sublinhar no Relatório *Asylum Levels and Trends in Industrialised Countries 2005* que, com o total de 336 000 pedidos de asilo apresentados, atingiu-se o nível mais baixo dos últimos 40 anos, apesar de não terem diminuído os casos de desastres naturais, epidemias, crises económicas, políticas e guerras (veja-se também o cap. 4).

■

QUADRO 2.1.

O inquérito SIMI sobre imigração irregular em Itália

O inquérito sobre imigração irregular em Itália (SIMI) foi conduzido por alguns investigadores do Departamento de Ciências Económicas da Universidade de Bari, em colaboração com AGIMI-Otranto, de Janeiro a Setembro de 2003, no âmbito de um projecto de investigação financiado pela União Europeia intitulado «Economic and Political Re-integration in an Enlarged EU: Implications for Regional Stability» [Chiuri *e al.* 2006; D'Uggento e Chiuri 2004].

O SIMI, com a ajuda de entrevistas orientadas por um questionário oportunamente elaborado, contém um banco de dados rico sobre as principais características sociodemográficas e económicas de uma amostra de imigrantes irregulares interceptados em Itália. O objectivo do estudo é identificar as principais motivações para emigrar, as condições socioeconómicas do entrevistado no país de origem e as suas expectativas futuras. A unidade de revelação é o imigrante irregular de idade superior a 18 anos, acabado de chegar a Itália ou que, no máximo, se encontre no nosso território há seis meses. Estes requisitos, segundo oportunas avaliações efectuadas nas fases iniciais da pesquisa, são necessários para evitar informações distorcidas. Com efeito, trata-se de um período de tempo suficientemente curto para que esteja viva na memória do entrevistado a recordação das condições socioeconómicas no país de origem e para que, ao mesmo tempo, as expectativas, que o levaram a emigrar, não estejam contaminadas pela aquisição gradual de informações e pelas experiências directas uma vez no país de destino.

Durante a janela temporal do nosso objecto de estudo, foram entrevistados 920 imigrantes adultos, provenientes de 55 países diferentes, numa população de referência de 8 502 imigrantes irregulares, em 10 centros disponíveis de quatro tipologias diferentes (Centros de Instalação Temporária e Assistência, Centros de Acolhimento Provisório, Centros de Identificação e Centros de Escuta) localizados nas quatro regiões italianas mais expostas ao fluxo de entrada dos imigrantes clandestinos (Calábria, Friuli-Venezia Giulia, Puglia e Sicília).

O estatuto jurídico dos entrevistados é classificável dentro de uma das quatro categorias abaixo discriminadas:

a) *Requerente de asilo ou refugiado*: trata-se de pessoas sujeitas a medidas de protecção temporária por motivos humanitários que, se reenviadas para o estado onde residem, poderiam ser perseguidas por motivos de raça, sexo, língua, cidadania, religião, opiniões políticas, condições pessoais e sociais, ou não serem protegidas dessas mesmas perseguições (*ex* art. 19, alínea 1, Decreto-Lei n.º 286/1998);

b) *A aguardar afastamento*: o caso que interessa à investigação é a medida de afastamento com acompanhamento à fronteira, deliberada pelo comandante da polícia, que se aplica às pessoas que entraram em Itália sem passar pelo controlo da fronteira e que foram interceptadas no momento da chegada ao território italiano (desembarque ou entrada por terra na fronteira nordeste) ou imediatamente depois[a];

---

[a] A lei (Decreto-Lei n.º 189/2002) prevê que o estrangeiro a aguardar afastamento pode ser mantido no Centro de Instalação Temporária e Assistência no caso de não haver disponibilidade imediata de uma transportadora ou de outro meio de transporte para o seu repatriamento.

c) *A aguardar expulsão*: trata-se da ordem de expulsão administrativa, determinada pelo governador civil com deliberação justificada, que se aplica a quem tenha evitado o controlo da fronteira para entrar em Itália e não tenha sido afastado (*ex* art. 14 d.u. sobre a emigração);

d) *Clandestino*: imigrante irregular que se encontra em território italiano durante um período não superior a seis meses e que frequenta lugares de encontro (Centros de Escuta, cantinas, associações de voluntariado).

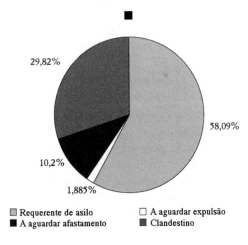

FIG. 2.1. Estatuto jurídico do imigrante irregular.

Fonte: SIMI.

A figura 2.1 descreve a composição da amostra com base no estatuto legal do imigrante. Cerca de 58% são requerentes de asilo entrevistados nos Centros de Identificação; quase 30% são clandestinos, seleccionados casualmente na população dos Centros de Escuta, e 12% são constituídos por imigrantes interceptados pelas autoridades e detidos em Centros de Instalação Temporária ou em Centros de Acolhimento Provisório, a aguardar expulsão ou afastamento.

2. Perfil do migrante clandestino «à entrada» em Itália

2.1. *Características demográficas*

Ao contrário dos primeiros estudos [a começar por Harris e Todaro 1970], que consideram a escolha do migrante uma decisão individual, a literatura de economia mais recentemente produzida sobre o tema e iniciada com os contributos de Stark e Lucas no fim dos anos 80, designada *A Nova Economia da Migração* [cfr. Stark e Lucas 1985; 1988], descreve a migração como um processo de investimento racional de um inteiro núcleo familiar, que firma um autêntico contrato de seguro contra os riscos do migrante.

Segundo Stark e Lucas, o contrato de seguro desdobra-se, mais precisamente, em duas fases distintas. Numa primeira fase, a família, que vive numa zona rural ou numa economia em vias de desenvolvimento, funciona como segurador, dando a um elemento da família previamente escolhido um financiamento suficiente para migrar, enfrentando os riscos da viagem, de procura de um novo trabalho e de integração numa sociedade muito diferente daquela de origem. A segunda fase, ao invés, que começa assim que os riscos do migrante diminuem gradualmente, vê o migrante como o segurador que, graças às remessas e às perspectivas de regresso, permitirá à família de origem fazer um investimento produtivo arriscado (por exemplo, introdução de uma inovação tecnológica na gestão da empresa agrícola familiar) que, se for bem sucedido, levará a um melhoramento da posição social da família no país de origem.

Trata-se, portanto, de um contrato autovinculador, cujas condições só serão respeitadas se ambos os contratantes observarem um comportamento cooperante e altruísta. A selecção do indivíduo que irá migrar no interior da família, conforme a análise do modelo de Stark e Lucas, não pode por isso ser casual.

O mesmo modelo, a nosso ver, adapta-se bem à interpretação das principais características demográficas dos clandestinos chegados a Itália tal como são retratadas pelo inquérito SIMI. No interior de um vasto núcleo familiar, composto em média por cinco elementos, o membro pré-escolhido tem 26 anos e, como tal, está nos primeiros anos da sua vida laboral; é, predominantemente, um homem e em bom estado de saúde, como se pode deduzir das informações contidas nas figuras 2.2 e 2.3[5].

[5] 95% da amostra tem uma idade compreendida entre os 18 e

A hipótese de uma ligação forte com a família de origem, financiadora da emigração, é confirmada igualmente pelo estado civil do migrante, predominantemente (cerca de 67%) ainda solteiro e sem filhos a seu cargo[6]. O elemento da família pré-escolhido não é, por conseguinte, o velho chefe de família, mas sim o filho adulto com maior capacidade de adaptação e de sucesso para enfrentar os múltiplos riscos que a emigração irregular implicará.

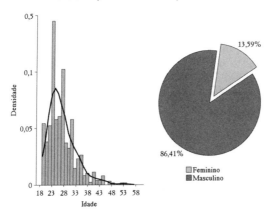

FIG. 2.2. Distribuição da idade e do género dos entrevistados.
Fonte: SIMI.

39 anos, cerca de 86% são homens e 70% tem um peso dentro da norma (índice de massa corporal na categoria de peso normal).
[6] Apenas 32% da amostra declara ter filhos.

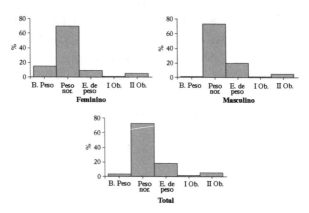

Fig. 2.3. Estado de saúde por género.

Nota: O índice de massa corporal (o IMC) é igual à razão entre o peso e o quadrado da altura. As categorias reportadas no eixo horizontal são respectivamente Baixo peso (IMC ≤ 18,5); Peso normal (18,5 < IMC ≤ 25); Excesso de peso (25 < IMC ≤ 30); Grau I de Obesidade (30 < IMC ≤ 40); Grau II de Obesidade (IMC > 40).

Fonte: SIMI.

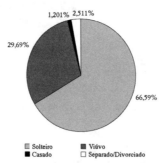

Fig. 2.4. Estado civil dos imigrantes irregulares.

Fonte: SIMI.

2.2. *Nível de instrução e qualificação*

Um tema extremamente debatido na literatura económica é se o processo de auto-selecção do migrante é positivo ou negativo. Por outras palavras, a vasta produção científica neste âmbito procura esclarecer se o processo que selecciona os imigrantes no interior da população de origem escolhe a faixa da população não só mais jovem, mas também mais qualificada e instruída[7].

Dada a grande dificuldade em reconstruir o contexto cultural de proveniência dos emigrantes, os trabalhos empíricos comparam predominantemente o nível de instrução da população migrante com o da população do país anfitrião; em alternativa, se se tratar de um país com tradições migratórias, compara-se o nível de instrução dos migrantes de gerações (ou grupos) diferentes.

Tendo em consideração a experiência italiana relativamente recente em matéria de imigração, que torna possível um exercício de comparação entre os imigrantes de grupos diferentes, comparamos o nível de instrução da população italiana com o da população estran-

---

[7] Cf. O debate aceso entre Chiswick e Borjas sobre a imigração nos EUA. Em particular, Borjas [1987; 1993]; Chiswick [1978; 1986].

geira regularmente residente em Itália, com base no Censo ISTAT de 2001; esta comparação permitir-nos--á ler a taxa de escolaridade declarada pela amostra seleccionada de imigrantes clandestinos entrevistados. A tabela 2.1 apresenta a distribuição do nível de instrução da população italiana e da população imigrante: a primeira está relativamente mais concentrada nos valores centrais do que a segunda. A população estrangeira, que representa 2,3% da população recenseada (com mais de seis anos de idade), é, em média, mais instruída, como se deduz da comparação das percentagens reportadas para os níveis de instrução mais elevados, a partir do segundo e terceiro ciclos[8].

Tab. 2.1. *Níveis de instrução da população italiana e estrangeira. Dados do Censo de 2001 (em valores percentuais)*

Italianos	Estrangeiros	
Analfabetos	2,5	1,5
Alfabetizados	12,1	9,7
Ensino Básico Primeiro ciclo	12,6	25,4
Ensino Básico Segundo e Terceiro ciclos	32,9	30,1
Ensino Secundário	27,8	25,9
Licenciatura	12,1	7,5
Total	100,0	100,0

[8] Cf. Caritas/Migrantes [2005].

Contudo, como recordámos na introdução do capítulo, a imagem que se depreende da análise do grau de instrução da população estrangeira regularmente residente em Itália poderia ser anulada por uma selecção oportuna efectuada pelas políticas migratórias até agora adoptadas em Itália e, portanto, não ser apenas fruto do impulso migratório nos países de origem. Por outro lado, a condição de irregularidade poderia impor um custo mais elevado para os mais instruídos (como discutiremos mais aprofundadamente no cap. 3, no ponto 3.2). Por ambas as razões, esperamos que o nível de instrução da população clandestina em Itália não seja necessariamente semelhante ao dos estrangeiros regulares.

Ao contrário do que comumente se imagina, os imigrantes irregulares chegados a Itália, ainda que relativamente menos instruídos do que os estrangeiros regularmente residentes, declaram, em média, possuir um título de estudo médio-alto. Nos extremos situam-se 13% da amostra que se declara analfabeta e cerca de 5% que, ao invés, diz possuir uma licenciatura. A figura 2.5, distinguindo a amostra entrevistada por género, descreve uma distribuição dos níveis de instrução feminina mais concentrada nas classes centrais face a uma distribuição mais variada dos níveis de instrução masculina[9].

---

[9] Veja-se também, a propósito, o estudo de Devillanova e Frattini [2006].

O quadro da bagagem de competências que o migrante irregular possui completa-se com a descrição das qualificações profissionais declaradas (cf. fig. 2.6), 60% da amostra declara conhecer as profissões para as quais se exige a capacidade de fazer cálculos (qualificação média-alta). Embora o nível de instrução feminina seja, em média, mais elevado do que o masculino, 60% das mulheres entrevistadas declara não ter nenhuma qualificação ou conhecer profissões para as quais não se exige capacidade de cálculo.

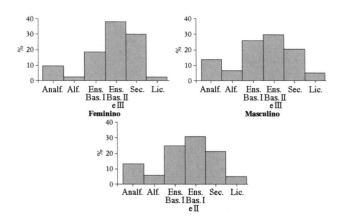

FIG. 2.5. Nível de instrução por género dos imigrantes irregulares.

Fonte: SIMI.

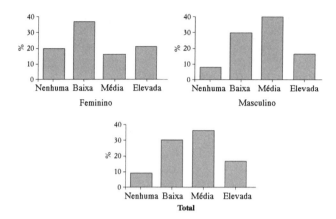

FIG. 2.6. Qualificação profissional por género dos imigrantes irregulares.

Nota: Categorias de qualificação: *qualificação baixa*: agricultor, cozinheiro, pedreiro, sapateiro, empregado de limpeza, auxiliar; *qualificação média*: alfaiate, electricista/canalizador, empregado comercial/comerciante, cabeleireiro, artesão, empresário; *qualificação elevada*: tradutor, secretário, consultor financeiro, médico/farmacêutico, advogado, professor, funcionário, profissional liberal.

Fonte: SIMI.

3. Causas da migração: motivações tradicionais, crises económicas e conflitos sociais

Quais os factores que contribuem para o impulso migratório irregular? No capítulo 1 (pontos 1 e 3) distinguiram-se os factores económicos, culturais e sociais identificados pela literatura económica, classificando-os de factores de atracção (ou do lado da procura) e factores de impulso (ou do lado da oferta).

Dado que os factores do lado da procura – entre os quais a carência de mão-de-obra não qualificada no sector terciário e de mão-de-obra sazonal na agricultura – reúnem o inteiro fluxo de imigração regular e irregular e que essa é atraída dos países em vias de desenvolvimento (PVD) para as economias avançadas na Europa, a leitura das informações contidas no SIMI, que descrevem as condições de vida dos migrantes nos lugares de origem, será guiada pela busca de evidências dos factores que, do lado da oferta, predominam consoante os contextos socioeconómicos dos países de proveniência.

O banco de dados SIMI é rico em informações preciosas a esse respeito, na medida em que os quase mil clandestinos entrevistados são de 55 nacionalidades e *backgrounds* sociais diferentes. Para uma maior clareza expositiva, concentraremos a nossa atenção nas dez nacionalidades mais representadas na amostra: trata-se, designadamente, do Iraque, Sudão, Sérvia e Montenegro, Marrocos, Senegal, Turquia, Paquistão, Bangladesh e Albânia (cf. 2.7.).

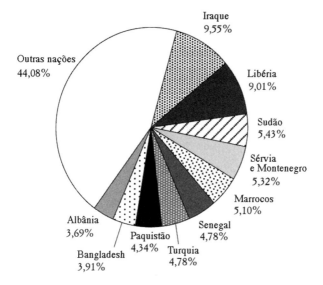

FIG. 2.7. Principais nacionalidades dos imigrantes.
Fonte: SIMI.

Entre os factores de impulso tradicionais que determinam a pressão migratória atribui-se um papel chave, desde Harris e Todaro [1970], aos diferenciais salariais entre o lugar de origem e de destino[10]. Mas sabemos

---

[10] No estudo pioneiro de Harris e Todaro [1970], a decisão de emigrar é motivada pelas diferenças salariais em três mercados de trabalho distintos: um mercado agrícola concorrencial; um mercado urbano com uma taxa salarial acima do concorrencial e um

que limitar as motivações da imigração às diferenças salariais é demasiado simplista. Na determinação da escolha de empreender uma migração internacional pode também influir, segundo Stark e Taylor [1991], o grau de privação relativa (ou *relative deprivation*), isto é, a posição relativa da família do migrante em relação ao grupo de referência no contexto socioeconómico da povoação ou do país de origem. Por outras palavras, embora a posição absoluta de um indivíduo melhore potencialmente com a migração, esse dificilmente o fará se a sua posição relativa for de prestígio no interior do grupo de proveniência: «*the king never migrates*» (o rei nunca migra). Além disso, há que ter em linha de conta que as condições de pobreza extrema e de marginalização social constituem um travão à emigração.

De que contexto socioeconómico provêm os imigrantes irregulares entrevistados? 60% da amostra é proveniente dos núcleos urbanos de média ou grande dimensão (com mais de 5 000 habitantes); todavia, a figura 2.8 mostra que a percentagem se reduz se o entrevistado for proveniente de nações africanas (Marrocos, Libéria e Senegal), cujo território se caracteriza predominantemente por zonas rurais e poucas megalópoles.

---

sector urbano informal que garante aos desempregados residentes na zona um rendimento de subsistência. Faini e Venturini [1993] documentam a importância das discrepâncias salariais na explicação da migração do sul para o norte do Mediterrâneo.

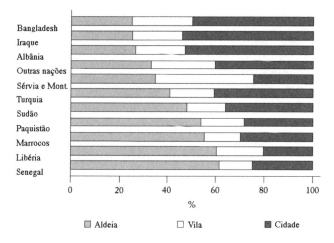

Fig. 2.8. Zonas de proveniência dos imigrantes por principais nacionalidades.

Nota: Categorias consideradas: *aldeia*: ≤ 5 000 habitantes; *vila*: ≤ 100 000 habitantes; *cidade*: > 100 000.

Fonte: SIMI.

O *background* socioeconómico do migrante é descrito com base na disponibilidade de três *utilities* (energia eléctrica, água potável e linha telefónica) na habitação do núcleo familiar de origem. A presença de serviços essenciais nas habitações de uma parte relevante dos entrevistados (energia eléctrica nas habitações de 74% da amostra e água potável para cerca de 64%), mas a ausência predominante de serviços menos essenciais (linha telefónica, presente em apenas 33% dos casos) confirma a hipótese de que quem migra não são os mais pobres nos contextos sociais de origem (fig. 2.9.). A atestar esta tese, a figura 2.10 fornece, para as primeiras dez nacionalidades da amostra, as percentagens da população servida com água potável e com linha telefónica fixa e móvel, segundo os indicadores de desenvolvimento recolhidos pelo Banco Mundial [2005]. Nas mesmas nações, um valor compreendido entre os 60 e os 97% da população é servido por água potável, ao passo que só 10% da população tem acesso a linhas telefónicas, com algumas excepções como a Sérvia e Montenegro, ou a Turquia.

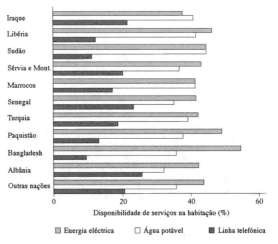

FIG. 2.9. Disponibilidade de serviços na habitação por principais nacionalidades.

Fonte: SIMI.

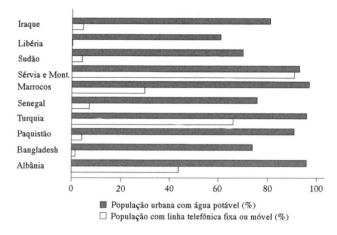

FIG. 2.10. Disponibilidade de água potável e linha telefónica da população em termos percentuais por principais nacionalidades dos entrevistados.

Fonte: Banco Mundial [2005].

86 | O EXÉRCITO DOS INVISÍVEIS

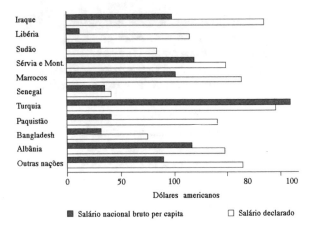

FIG. 2.11. Salário mensal bruto per capita e salário mensal declarado dos entrevistados por principais nacionalidades.

Fonte: Banco Mundial [2005]; SIMI.

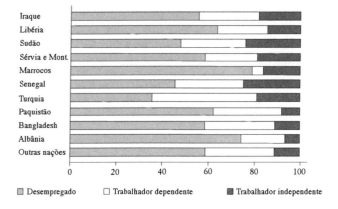

FIG. 2.12. Estado laboral do imigrante por principais nacionalidades (%).
Fonte: SIMI.

Os valores reportados na figura 2.11. também são coerentes com a interpretação dada até ao momento: a comparação entre o salário nacional bruto *per capita* mensal, calculado com base nas estatísticas fornecidas pelo Banco Mundial, e o salário médio mensal, declarado pelo grupo de entrevistados provenientes dos mesmos países, demonstra que quem migra são os membros da família com salários médio-altos. Mas, no entanto, as teorias económicas do diferencial salarial e da *relative deprivation* são confirmadas pela situação profissional (2.12): cerca de 60% estavam desempregados antes de partirem.

O quadro das causas da migração só fica completo se examinarmos a ocorrência de crises políticas e financeiras, os conflitos sociais e as carestias nos países de origem, bem como as particularidades da imigração ilegal para a Europa [cf. Chiuri, De Arcangelis e Ferri 2005]. Com efeito, não podemos ignorar que algumas das nações analisadas, das quais o Iraque, a Turquia, a Sérvia e Montenegro, o Sudão e a Libéria, viviam em 2003 (e infelizmente, para muitos, pouco mudou actualmente) períodos turbulentos de crises políticas, económicas e de carestias.

A figura 2.13, que reporta a percentagem dos entrevistados que declara ter vivido catástrofes naturais, conflitos ou crises económicas na localidade de proveniência no período anterior à partida (crises locais), permite confrontar as respostas dadas consoante toda a nação do imigrante ter vivido ou não, simultaneamente, uma crise política ou económica (crise nacional), com base nas estatísticas oficiais. Para os emigrantes provenientes de nações actualmente em crise, a probabilidade da zona de proveniência ser atingida por conflitos sociais é relativamente mais elevada[11]. Destes

---

[11] As respostas dadas pelos migrantes às perguntas sobre uma eventual crise, conflito ou catástrofe natural em curso na localidade

países fogem sobretudo as minorias étnicas e religiosas (cerca de 90%).

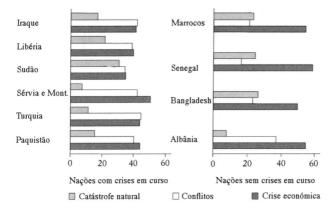

FIG. 2.13. Causas da migração clandestina; catástrofes naturais, conflitos sociopolíticos e crises económicas no país de origem por principais nacionalidades de proveniência (%).

Nota: As nações reportadas distinguem-se com base na verificação de pelo menos uma crise económica, política ou social a nível nacional em 2002.

Nos países onde, ao invés, não se viveriam crises nacionais, segundo as estatísticas oficiais, mais de 55% dos

de origem contêm informações sobre a percepção subjectiva da causa dos problemas locais. Veja-se, também a propósito, as motivações para migrar ilegalmente dadas por uma amostra de 83 imigrantes irregulares retidos nos Centros de Instalação Temporária na Grã-Bretanha, e reportadas no trabalho de Black *e al.* [2006].

entrevistados considera que a área de residência vive uma crise económica local (o valor é de apenas 40% para os entrevistados provenientes de nações em crise). Para os que pertencem a este segundo grupo, portanto, prevaleceriam as motivações económicas mais tradicionais.

4. Migrações e redes sociais

A escolha de se e para onde migrar, ainda com maior razão se de forma irregular, dificilmente é casual, uma vez que se insere sobretudo na densa rede de ligações que define a cadeia migratória de cada migrante, e que se complexifica desde o país de origem até ao país de destino. Os trabalhadores emigrantes escolhem habitualmente o seu destino final com base nos laços já estabelecidos no país de origem, visto que as redes sociais reduzem os custos iniciais necessários à procura de um trabalho e melhoram as perspectivas de sair da ilegalidade[12].

---

[12] Importa não esquecer que há também factores não estritamente económicos, entre os quais a língua, a proximidade cultural, geográfica e os laços históricos e coloniais, que condicionam a decisão de emigrar e, principalmente, o destino prefixado para as migrações.

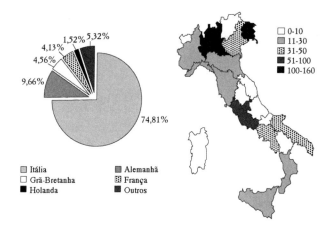

Fig. 2.14. Destino final.
Fonte: SIMI.

Para onde se dirige, então, o fluxo de imigrantes que atravessou irregularmente as fronteiras italianas? Nem todos pretendem ficar em Itália; uma parte atravessará o território italiano em direcção a outras nações com maiores tradições migratórias (sobretudo a Alemanha, a Grã-Bretanha e a França). Com base na nossa amostra, cerca de um em cada três pertence a este grupo (fig. 2.14). Os demais, ao invés, são atraídos pelas metrópoles de Milão e Roma.

Os riscos e as dificuldades que o migrante terá de enfrentar, uma vez alcançado o destino final, irão depender muito do tipo de rede social com que irá poder contar: estarão à sua espera outros membros do núcleo familiar, isto é, uma rede social forte, ou parentes de diferentes graus e conhecidos? Ao contrário dos migrantes regulares, os irregulares são, muitas vezes, os primeiros membros a migrar dentro de um núcleo familiar (*front-runners*). Só 30% da amostra tem um familiar no destino final (fig. 2.15). Contudo, podem contar com ligações frágeis com amigos e conhecidos, cuja presença determinou a escolha do destino (2.16) e que, antes da partida, foram a principal fonte de informação sobre o próprio lugar (2.17).

5. **A geopolítica do tráfico de clandestinos e o custo da migração**

A decisão de migrar ilegalmente, aliada à cuidadosa avaliação das motivações para deixar o seu meio, pressupõe igualmente a ponderação do risco associado de se ser interceptado e de tornar vãos os elevados custos [cf. Chiuri, De Arcangelis e Ferri 2005].

Mas, muitas vezes, à decisão de migrar dificilmente se segue um plano claro e predefinido da viagem; pelo contrário, ao migrante parecer-lhe-á gradualmente que o percurso seguido, os meios utilizados e os tempos exigidos são o produto de vários encontros aparentemente fortuitos com angariadores maliciosos e espertos que, na verdade, fazem parte de uma complexa máquina criminal.

QUEM SÃO OS IMIGRANTES IRREGULARES? | 93

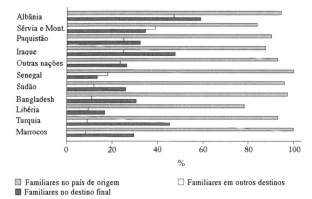

Fig. 2.15. Redes sociais fortes no país de origem e de destino por principais nacionalidades.

Fonte: SIMI.

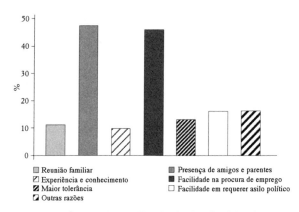

Fig. 2.16. Causas da escolha do destino final (% das respostas dadas).

Fonte: SIMI.

Com efeito, na geopolítica do tráfico, há uma terceira categoria de actores que se interpõe entre migrantes e controladores: os traficantes de homens[13]. Para esses, as rotas correspondem a segmentos de um mercado em constante evolução. Quando uma nova modalidade de entrada se torna popular e lucrativa, atrai, com o tempo, as autoridades, que desenvolvem estratégias de luta; o que leva os traficantes, por

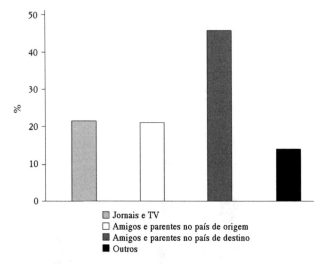

FIG. 2.17. Fontes de informação sobre o destino final (%).
Fonte: SIMI.

[13] Cf. o estudo aprofundado de Monzini, Pastore e Sciortino [2004].

seu turno, a procurar novas modalidades de transporte e a seguir rotas alternativas.

A entrada clandestina pode ser efectuada por organizações criminais de múltiplas formas, que dependem, antes de mais, da rota seguida (por fronteira terrestre ou por via marítima) e dos meios utilizados (por via aérea com documentos falsos, a pé com o auxílio dos *passeurs*, de comboio ou de carro, de autocarro ou de camião, de navio ou de ferry, de barco ou de barco de borracha). A rota seguida e os meios utilizados determinarão a segurança da viagem quer para o migrante, quer para o eventual cúmplice.

No tráfico terrestre (pela fronteira nordeste), a eficácia da acção de combate desenvolvida pelas autoridades italianas tem sido menos visível nos últimos anos. Trata-se de uma fronteira difícil de controlar e que, por isso, pode ser atravessada com relativa facilidade, sobretudo se acompanhados por um *passeur* especialista. No caso do tráfico marítimo, ao invés, a acção de combate teve um impacto mais claro e facilmente mensurável; pense-se na subida nos anos 90 e no sucessivo declínio da rota adriática, que depois abriu novas rotas no Mediterrâneo: Turquia, Grécia, Chipre, Malta e, sobretudo, Líbia, que desempenha agora o papel de colector africano (cuja marca encontramos também na amostra entrevistada; cf. fig. 2.18).

O custo, por conseguinte, é pouco sensível à distância efectivamente percorrida (a fig. 2.19 mostra uma ténue correlação entre o custo declarado e a duração em dias da viagem, *proxy* da distância efectivamente percorrida), reflectindo antes a segurança da viagem[14].

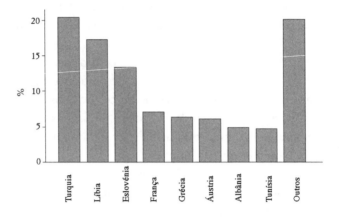

FIG. 2.18. Principais rotas de entrada em Itália.
Fonte: SIMI.

[14] Repare-se na figura 2.19 que, para um número elevado de migrantes, a duração da viagem ultrapassa um ano. Este dado testemunha mais uma vez o custo muito elevado da migração para o indivíduo e para a sua família; a longa duração da viagem está efectivamente associada à necessidade de paragens frequentes em localidades intermédias com o objectivo de reunir recursos financeiros para prosseguir até à meta final.

Vemos, por exemplo, que a viagem de avião, obviamente com documentação falsa, tem um custo relativamente alto (fig. 2.20). Segue-se a viagem a pé; no extremo oposto encontra-se a viagem de comboio ou de autocarro que é, em média, mais económica para os que vêm da Europa do Leste ou da Ásia que podem entrar em Itália pelas fronteiras terrestres.

São, portanto, as organizações criminais que estudam atentamente os riscos que cada percurso apresenta, ao passo que o migrante, na maior parte das vezes, não tem consciência dos mesmos. A figura 2.21, que sintetiza as respostas dadas sobre a expectativa provável de serem interceptados uma vez chegados a Itália, não indica a predominância de nenhuma classe de valores considerados numa escala de 0 (muito baixa probabilidade) a 10 (muito alta probabilidade); além disso, a maioria (cerca de 70%), a um ano da entrada em vigor da lei Bossi-Fini, não sabia que Itália aprovara regras mais severas de controlo das fronteiras.

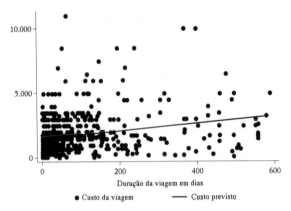

FIG. 2.19. O custo da viagem e a sua duração em dias.
Fonte: SIMI.

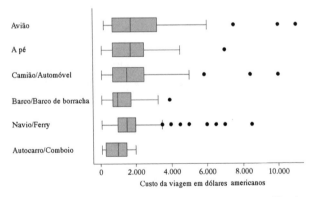

FIG. 2.20. O custo da viagem e os meios de transporte utilizados.

Nota: O diagrama de dispersão descreve as distribuições por tipologia de meio de transporte. A caixa delimita a percentagem de 25% e 75% e, a linha interna, a mediana.

Fonte: SIMI.

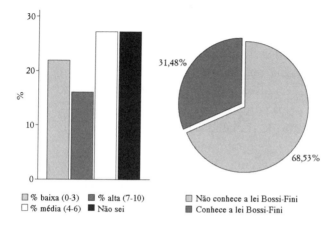

FIG. 2.21. O risco esperado de serem interceptados em Itália (escala de 0 a 10).

Fonte: SIMI.

Todavia, a intensidade do fluxo e, sobretudo, a continuidade do fenómeno no tempo garantiram, aos protectores, margens de lucro comparáveis às do mercado criminal de tráfico de droga ou de armas; os interesses envolvidos são tais que, ao longo do tempo, introduziram-se regras informais e acordos implícitos de seguro contra o risco de insucesso da viagem para o migrante, ou contra o risco de falta de pagamento para as organizações de tráfico[15].

[15] As próprias organizações, que podem contar com uma densa

6. As expectativas do migrante clandestino

Colocámos em evidência, em vários contextos, o papel da cadeia migratória nas decisões de cada migrante. Estes, uma vez chegados ao destino final, serão apoiados pelos parentes ou conhecidos, que os ajudarão na procura de trabalho e na inserção social, e por uma boa dose de optimismo.

É interessante analisar, a propósito, as respostas dadas sobre as expectativas de trabalho futuro e o rendimento esperado no país anfitrião. O optimismo induz o migrante a acreditar que à sua espera, uma vez alcançado o destino, está um trabalho correspondente às suas qualificações (com efeito, há uma perfeita simetria da fig. 2.22, sobre o emprego futuro, com a já analisada fig. 2.6, sobre as competências possuídas; como confirmação posterior, a fig. 2.23 cruza as informações sobre as competências do migrante e as qualificações que lhe poderão ser solicitadas no país de destino). Embora o estatuto de clandestino ou requerente de

---

rede de conexões entre países de origem ou de trânsito e países de destino, há muito tempo que adoptaram a prática de exigir o pagamento antecipado da quantia de dinheiro estipulada por um terceiro actor, habitualmente um comerciante, que retém esse valor até à chegada do migrante ao destino, para, em seguida, o entregar à organização no caso de sucesso da viagem, ou restituí-lo ao comitente no caso de fracasso [cf. Monzini, Pastore e Sciortino 2004].

asilo, como veremos (cf. cap. 3), tenha fortes consequências na sua carreira profissional.

Dadas também as informações adquiridas através da *network* social no país de destino, espera-se poder auferir um salário, crescente segundo o nível de qualificação, muito semelhante ao que auferem, em média, os trabalhadores italianos ou, em todo o caso, os estrangeiros regulares (fig. 2.24).

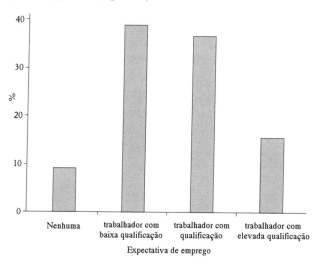

FIG. 2.22. Expectativas de emprego no país de destino final.
Fonte: SIMI.

102 | O EXÉRCITO DOS INVISÍVEIS

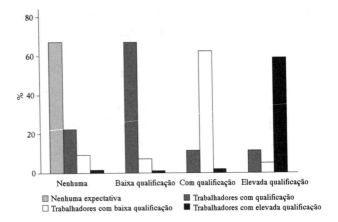

FIG. 2.23. Expectativas de emprego no país de destino final por tipologia de qualificação declarada (%).

Fonte: SIMI.

QUEM SÃO OS IMIGRANTES IRREGULARES? | 103

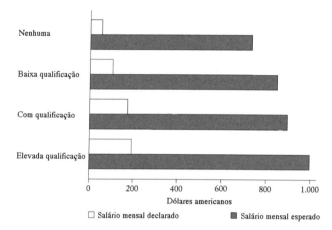

Fig. 2.24. Expectativas de salário por qualificação declarada (valores médios).
Fonte: SIMI.

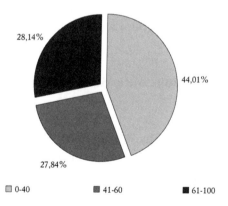

Fig. 2.25. Expectativas de remessas (% do salário esperado).
Fonte: SIMI.

Esse vencimento, se for efectivamente auferido, permitir-lhe-á aumentar o rendimento em mais de 180% em relação ao que auferia anteriormente no país de origem (de 500% se encontrar um bom emprego com elevada qualificação).

Por outro lado, os laços com o país de origem continuarão fortes. 80% dos entrevistados endividou-se com a família e com os amigos que participaram activamente na realização do seu projecto migratório. Portanto, chegados ao destino, impulsionados pelo puro altruísmo ou por respeito a um claro plano de seguro (segundo a hipótese de Stark e Lucas [1988]), procurarão enviar remessas no valor de mais de metade do seu salário (fig. 2.25).

Muitos, ainda, prevêem regressar à pátria em menos de cinco anos, ou manifestam vontade de viver uma curta experiência migratória (fig. 2.26).

7. A imagem do clandestino: um lugar-comum a destruir

Os imigrantes irregulares não são os párias, analfabetos e criminosos que os países pobres canalizam para os países avançados como muitos gostariam de fazer crer. Pelo contrário, tendo em conta quão relevante é o investimento migratório em termos de riscos e custos, os migrantes representam um recurso humano de elevada qualidade quer em termos de instrução, quer em termos de qualificações.

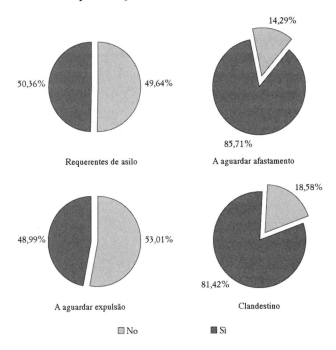

FIG. 2.23. Expectativas de regresso por estado jurídico (%).
Fonte: SIMI.

Um outro lugar-comum é o de indivíduos sem projectos nem expectativas, mercenários e aventureiros, prontos a aproveitar todas as oportunidades. Os dados

SIMI demonstram, ao invés, que grande parte dos migrantes, graças sobretudo à existência de cadeias migratórias bem consolidadas, tem expectativas bem precisas e se dirige para as metas que oferecem maiores oportunidades económicas. Além de que muitos manifestam vontade de ter uma experiência migratória não permanente, mas sim limitada no tempo.

CAPÍTULO III
O custo da clandestinidade

Vestidos com farrapos, em grandes rebanhos, nós, cheios de uma incrível dor, dirigimo-nos para uma terra vasta e distante. Alguns de nós afogaram-se realmente.
Alguns de nós morreram realmente à míngua.
Mas por cada dez que morreram, sobreviveu um milhar e resistiu.
Melhor afogarmo-nos no oceano do que sermos estrangulados pela miséria.
Melhor enganarmo-nos a nós próprios do que sermos enganados por lobos.
Melhor morrermos à nossa maneira do que sermos pior que as bestas.

Do *Canto degli emigranti*[1]

A condição de clandestinidade de um migrante é a consequência indirecta das políticas migratórias restritivas: num mundo que se caracteriza pela plena liber-

---

[1] Publicado pela primeira vez em Nova Iorque por Ferdinando Fontana em 1881, e extraído de Mangione e Morreale [1992, xix]. Fontana afirmava que o tinha encontrado num jornal alemão em 1880 e atribuía-o a um anónimo.

dade de movimento entre as fronteiras, a imigração é, por definição, legal. Neste capítulo, não nos queremos alongar sobre a razão que leva alguns países a adoptar políticas migratórias restritivas, pois a política migratória que um país decide implementar é, provavelmente, fruto de uma legítima decisão colectiva. No entanto, é importante que a decisão colectiva seja tomada em consciência, tendo em conta os eventuais custos associados a políticas migratórias restritivas que, como recordámos no capítulo 1, neste momento histórico são inevitavelmente «geradoras de imigração clandestina». Com efeito, o estatuto de clandestino não é de modo algum irrelevante para o comportamento do indivíduo e para os efeitos socioeconómicos que a própria migração tem nos países de origem e de destino.

As questões que levantaremos ao longo do capítulo são as seguintes: quais os custos económicos da clandestinidade? São os próprios migrantes que os suportam? Quais as consequências económicas das políticas restritivas para os países de origem dos migrantes e para os países de destino que decidem adoptá-las? Tal como é sinteticamente referido na figura 3.1, a clandestinidade não tem efeitos exclusivamente nos migrantes, uma vez que produz, indirecta ou directamente, efeitos significativos quer nos países de origem, quer nos países de destino[2]. Por motivos expositivos, distinguiremos, por-

---

[2] Para uma resenha exaustiva dos efeitos económicos da imi-

tanto, os efeitos que a clandestinidade tem em cada indivíduo e os efeitos que indirectamente se repercutem na economia dos países de origem e de destino. O capítulo termina com uma reflexão/provocação sobre a real eficácia das políticas restritivas quanto à obtenção da finalidade desejada: será mesmo verdade que, construindo muros, colocando arame farpado e recrutando novos guardas fronteiriços se reduz o número de migrantes?

1. Os custos da clandestinidade para o migrante

Assim como a migração tem efeitos económicos e principalmente no migrante que deixa o seu país, também a clandestinidade acarreta fortes consequências económicas para o mesmo. Ainda que se deixe de parte as importantes consequências sobre a possibilidade de integração social do migrante no contexto do país anfitrião, é possível dividir os custos da clandestinidade para o migrante em dois planos: a *capacidade de usufruir de um salário* e as *possibilidades de consumo*.

gração regular nos países de origem e de destino remetemos para Venturini [2004].

CUSTO DA CLANDESTINIDADE PARA OS MIGRANTES

- Emprego ineficiente e pouco remunerativo do seu capital humano (*skill waste effect*)
- Elevados riscos de exploração económica
- Reduzidas possibilidades de consumo de bens e serviços públicos e privados

CONTRIBUTO ECONÓMICO DOS MIGRANTES NOS PAÍSES DE MIGRAÇÃO

- Uso ineficiente dos migrantes enquanto recurso humano

MENOR RENDIMENTO DA MIGRAÇÃO

Reduzido incentivo ao investimento no seu capital humano (com instrução e formação)

 Re

- Menor capacidade de acumulação de poupanças
- Reduzidas oportunidades de emprego eficiente e remunerativo da poupança acumulada

Migrações de regresso aos países de origem de indivíduos que acumularam uma escassa quantidade de recursos financeiros e capital humano (conhecimentos)

- Menor capacidade de envio de remessas para o país de origem
- Menor propensão ao envio de remessas para o país de origem

MIGRAÇÕES E DESENVOLVIMENTO NOS PAÍSES DE ORIGEM

- Uso ineficiente dos migrantes enquanto recurso humano

1.1. *Clandestinidade, remuneração do projecto migratório e consequências do «skill waste effect»*

A condição de clandestinidade reduz fortemente o leque de oportunidades laborais à disposição do migrante que geralmente fica confinado a empregos pouco qualificados e sem garantias na economia paralela ou semi-paralela. A mesma condição determina assim, para o migrante, uma reduzida capacidade de produção e de auferir um salário.

Num estudo sobre migrantes mexicanos no EUA, Rivera-Batiz [1999] demonstrou que, em média, a diferença na retribuição horária entre um migrante regular e irregular é de 41,8% para os homens e de 40,8% para as mulheres. A que se deve esta diferença? Segundo o autor, menos de metade desta diferença deve-se ao facto de os migrantes irregulares terem características diversas dos regulares e, nomeadamente, serem, em média, menos qualificados[3]. Se não são as características «qualitativas» dos migrantes que explicam inteiramente a discrepância retributiva, então, quais os factores responsáveis pelo *gap*? O principal responsável é o estatuto de ilegal por si só, ou seja,

---

[3] Para Rivera-Batz, o *gap* na retribuição pode ser atribuído a diferenças observáveis nas características dos dois tipos de migrantes no valor de 48% para os homens e de 43% para as mulheres.

o *gap* deve-se ao custo da clandestinidade. O mesmo autor dá uma outra prova para sustentar esta tese. Se o diferencial salarial se deve, principalmente, à clandestinidade, então quando este pressuposto deixa de existir tem de se observar um rápido crescimento salarial do migrante[4]. Rivera-Batiz utiliza como experimentação natural o programa de regularização (*Immigration Reform and Control Act*, IRCA) aprovado pelo governo dos EUA, em 1986, analisando as diferentes performances do migrante na fase anterior e posterior à aplicação do mesmo. Os resultados confirmam um elevado crescimento salarial nos quatro anos após a regularização; aumento que se explica sobretudo com a saída da clandestinidade e não tanto com as mudanças das características dos migrantes no período de tempo considerado[5].

Este e outros estudos análogos sobre os efeitos da regularização atestam que a existência de um custo da

---

[4] Se, no início, o crescimento salarial fosse bastante modesto e com aumentos graduais, seria, muito provavelmente, uma consequência da maior experiência que o migrante adquire ao longo do tempo no país de destino e/ou à acumulação de outras capacidades e conhecimentos.

[5] Os resultados de Rivera-Batz são confirmados, entre outros, pela análise de Cobb-Clark e Kossoudji [2000;2002], que verificaram um efeito positivo da mesma regularização (IRCA 1986) quer nos salários, quer na mobilidade de emprego de migrantes mexicanos e da América Central. A saída da clandestinidade amplia o leque de possibilidades de emprego dos migrantes.

clandestinidade para o migrante, em termos de falta de rendimento, se deve sobretudo a situações de exploração e à impossibilidade de uma procura eficiente de emprego. Todavia, isso não significa de modo algum que a regularização seja uma solução simples e universal. A relação regularização – melhoramento das condições laborais não é, de facto, automática, como demonstra o estudo de Reyneri [2001] realizado pela Organização Internacional de Trabalho (OIT). Segundo o autor, na sequência do programa de regularização aplicado em Itália em 1996, cerca de um terço dos migrantes que conseguira um emprego regular perdeu-o no espaço de poucos meses, ao passo que outros migrantes foram despedidos pelos dadores de trabalho após terem feito o pedido de regularização. Enquanto no primeiro caso, a causa é atribuível a contratos de trabalho «provavelmente falsos», celebrados com o único fim de obter a regularização do estatuto do migrante, no segundo caso os empresários provavelmente temeram, em caso de regularização, o maior poder contratual dos seus funcionários e, por conseguinte, a possibilidade de lhes pagar salários mais elevados[6].

---

[6] Causas, consequências e problemáticas dos principais programas de regularização adoptados nos países da OCDE, incluindo o nosso, são discutidas de forma aprofundada no trabalho de Levinson [2005] (cap. 4).

Uma outra consequência importante é que a clandestinidade implica maiores custos precisamente para aqueles que poderiam beneficiar mais com a migração e, ao mesmo tempo, produzir indirectamente fortes efeitos positivos nos países de origem e de destino: os migrantes mais competentes, brilhantes e qualificados. Em termos de oportunidades laborais e de remuneração, pouco ou nada muda se o migrante clandestino for formado em engenharia mecânica ou se for completamente analfabeto. Portanto, a clandestinidade obsta a que o migrante qualificado utilize plenamente o seu capital humano (capacidades, conhecimentos e competências), causando um grande desperdício de recursos humanos (*silk waste effect*).

Qual a relevância do *silk waste effect*? O desperdício de recursos humanos que atinge directamente os migrantes (através de uma reduzida capacidade de rendimento) e indirectamente os países de acolhimento e de origem (pontos 2 e 3), será tanto mais elevado quanto maior for o nível de instrução, de conhecimentos e capacidades dos migrantes clandestinos. Embora seja impossível quantificar com exactidão este efeito negativo, há razões para acreditar que é relevante. O lugar-comum de que os clandestinos têm um baixo nível de instrução e que são predominantemente não qualificados é desmentido por alguns estudos recentes (cap. 2), que, ao invés, demonstram o elevado nível de qualificação dos imigrantes ilegais não só em relação àqueles que ficam no país de origem, como também em relação ao trabalhador médio do país anfitrião[7]. O aspecto mais problemático não reside só nos efeitos directos de *skill waste*, mas principalmente, segundo quem escreve, nos incentivos perversos que esse dá. O migrante, em condições de clandestinidade, tem um escasso, senão nulo, incentivo para investir na sua formação e, em geral, no melhoramento do seu capital humano, na medida em que os lucros económicos desse investimento são muito modestos[8]. A não acumulação de capital humano não contribuirá certamente para o

---

[7] Muitos estudos demonstraram que os indivíduos mais pobres e com baixo nível de instrução migram muito raramente, quer legal ou ilegalmente [Massey 1987]. O facto de os migrantes regulares serem de forma geral mais qualificados e instruídos, com base numa *selecção positiva dos migrantes*, é largamente consensual na literatura económica [entre os estudos mais recentes sobre os Estados Unidos veja-se Feliciano 2005]. Existirá também uma selecção positiva para os ilegais? Aqui a escassez de dados faz com que as opiniões sejam mais controversas. Segundo Bray [1984], dado os maiores custos da migração clandestina, os migrantes ilegais podem apresentar um maior nível de instrução e qualificação do que os migrantes regulares. O nosso estudo apresentado no capítulo 2 parece estar em linha com esta hipótese.

[8] Importa não esquecer que o estatuto de clandestino representa uma forte barreira ao acesso a serviços de formação e instrução públicos e privados. Por conseguinte, o migrante ilegal, no período de residência no país anfitrião, encontra-se frequentemente impossibilitado de investir em capital humano.

melhoramento da condição económica do próprio migrante. Mais uma vez as consequências serão piores para os trabalhadores mais instruídos e qualificados, cujo risco de obsolescência e deterioração do seu capital humano é maior: os conhecimentos de um indivíduo quase nunca são eternos. Para um médico que migra clandestinamente, a impossibilidade de exercer a sua profissão e de actualizar os seus conhecimentos pode implicar uma deterioração significativa da sua bagagem de competências anteriormente acumulada. Para os migrantes mais qualificados é, portanto, mais «caro» residir por períodos prolongados no país de acolhimento, tendo em conta as consequências directas e indirectas do *skill waste effect*. Por conseguinte, se a imigração é predominantemente irregular, ao contrário do que acontece com os migrantes regulares, o regresso aos países de origem é relativamente mais frequente para os indivíduos mais qualificados; precisamente aqueles que vários países, à excepção de Itália, procuram atrair[9].

---

[9] Este resultado é confirmado por uma análise de Coniglio, de Arcangelis e Serlenga [2006] sobre as intenções de regresso dos migrantes irregulares em Itália, com base nos dados SIMI (veja-se o ponto 3.2).

1.2. *Clandestinidade e possibilidade de consumo dos migrantes*

Ao demonstrar os principais custos económicos da condição de clandestinidade para o migrante, não é possível deixar de considerar as suas possibilidades de consumo: nas palavras do economista francês Frédéric Bastiat [1845], «a última meta dos esforços produtivos de cada homem». A precariedade e os riscos associados à condição de clandestino não só limitam as possibilidades de rendimento, como também as de consumo de bens e serviços públicos e privados. Serviços importantes, como por exemplo, os serviços bancários e de seguros são efectivamente inacessíveis aos migrantes irregulares. Isso implica não só uma redução do bem-estar associada às reduzidas oportunidades de consumo, mas também, dada a importância de alguns desses serviços, uma posterior redução da capacidade de produzir rendimento e de emprego do mesmo de forma eficiente.

Às vezes, a clandestinidade não só implica dificuldades de acesso a um bem ou a um serviço, mas também, nos casos em que o acesso é consentido, o pagamento de um preço muito mais alto em relação ao preço de mercado. O caso clássico é o da procura de casa. Os migrantes são obrigados a suportar rendas muito mais elevadas do que as do mercado: o medo de serem interceptados e expulsos impede-os de recorrer às autoridades de defesa e limita o seu poder negocial. Um outro exemplo é o elevado custo dos serviços de envio de dinheiro para a pátria (as remessas) devido à falta de acesso aos serviços bancários geralmente menos caros e arriscados.

Resumindo, a clandestinidade reduz de forma significativa o rendimento económico da migração para cada indivíduo. Isso acontece quer através de canais directos, como a exploração, o reduzido acesso e/ou elevado preço de bens e serviços, quer através de canais indirectos, como o baixo incentivo ao investimento em capital humano e à melhoria das perspectivas futuras de remuneração.

Esta é apenas uma parte do nosso *tour* pelos custos da clandestinidade. Como veremos nos pontos seguintes, o que acontece aos migrantes tem, na realidade, repercussões bem mais vastas que se estendem ao sistema económico quer dos países de origem, quer dos países de destino.

2. Clandestinidade e países de origem

As características e o sucesso do projecto migratório têm uma influência crucial na família do migrante e em toda a comunidade do país de origem. A migração cria fortes laços entre os países de origem dos migrantes e os países de destino; gera fluxos de recursos financeiros (principalmente através das remessas dos migrantes) e comerciais, de novas ideias, de conhecimentos e de capital humano (por intermédio das *networks* de migrantes e das migrações de regresso). Trata-se de laços e de fluxos de recursos que são fundamentais para a mudança social e o desenvolvimento económico dos países de origem. Donde se segue que a clandestinidade, condicionando a eficácia do projecto migratório e o comportamento económico do migrante, também produz efeitos na economia dos países de origem, nomeadamente reduzindo o valor das remessas e da acumulação de capital humano nos países de proveniência.

2.1. *Clandestinidade e economia das remessas*

Um canal fundamental que liga o fenómeno migratório ao desenvolvimento económico nos países de origem é constituído pelas remessas, ou seja, os fluxos financeiros que os migrantes enviam a parentes e amigos ou que levam consigo na altura do regresso à pátria. O crescimento formidável das dimensões desses fluxos para os países pobres[10], assim como as investiga-

---

[10] Considerando só os fluxos oficiais, que para muitos países representam uma fracção dos fluxos efectivos, as remessas para os PVD ascendiam, em 2005, a 167 biliões de dólares [Banco Mundial]. Segundo a mesma fonte, a Itália está entre os primeiros dez países no que respeita aos fluxos de remessas de saída, com 4,7 biliões de dólares.

ções conduzidas por economistas e outros cientistas sociais sobre a sua relevância nos processos de desenvolvimento económico (veja-se o quadro 3.1) chamaram a atenção de um público cada vez mais vasto para o fenómeno das remessas.

Se, portanto, as remessas representam, juntamente com as migrações de regresso, um dos principais motores de desenvolvimento num grande número de países de origem, qual o papel desempenhado pela clandestinidade? Por uma série de motivos induzidos por políticas migratórias restritivas nos países de destino dos migrantes, quer «a montante», quer a «jusante» do mesmo, o efeito benéfico das remessas no desenvolvimento é despotenciado de forma significativa.

O *primeiro efeito negativo* está associado à «causa primeira» da clandestinidade, ou seja, a existência de políticas migratórias restritivas nos países ricos. Com efeito, os obstáculos à mobilidade laboral entre países de origem e de destino, ao reduzirem pelo menos em parte os fluxos migratórios, implicam necessariamente uma redução dos fluxos de remessa. Em meados dos anos 80, os limites impostos ao recrutamento de novos trabalhadores estrangeiros na Arábia Saudita – à época primeiro país do mundo em remessas de saída – na sequência de uma redução do preço do petróleo, levaram a uma contracção do fluxo de remessas enviadas por trabalhadores estrangeiros.

Será possível quantificar os custos de um projecto de migração irrealizado ou inacabado, não só em termos de remessas, para os PVD? Podemos extrair indicações úteis de um recente estudo do Banco Mundial [2006] sobre o efeito em termos de bem-estar global devido a um aumento da migração dos países industrializados[11]. No exercício de simulação efectuado, os investigadores do Banco Mundial colocaram a hipótese de um aumento do *stock* de migrantes nos países desenvolvidos de cerca de 14,2 milhões entre 2001 e 2025. Este incremento equivale a um aumento de 3% da oferta de trabalho nos países de destino. Em outros termos, uma taxa de aumento anual da população de migrantes de 1,9%, com taxas diferenciadas entre trabalhadores não qualificados (+1,5% anual) e trabalhadores qualifica-

---

[11] Trata-se de um exercício de simulação, que utiliza uma versão expressamente adaptada do modelo de equilíbrio económico geral LINKAGE, em uso no Banco Mundial. Este modelo é geralmente utilizado para avaliar os efeitos no bem-estar global de mudanças nas políticas comerciais dos vários países. Com toda a probabilidade, o exercício subestima os efeitos positivos da imigração, sobretudo para os países de destino, não tendo em consideração factores importantes, como o aumento da produtividade dos migrantes no tempo, o efeito indirecto de um aumento da taxa de participação dos nativos nos países de destino (por exemplo, graças à possibilidade de empregar trabalhadores domésticos estrangeiros), ou o efeito positivo induzido pela maior «diversidade» cultural (no desenvolvimento de novas ideias e tecnologias).

dos (+3,8% anual). Na sequência do aumento do número de migrantes, o rendimento real dos que permanecem no PVD aumentaria, segundo o exercício de simulação, 143 milhões de dólares. Grande parte desse incremento de rendimento derivaria da maior dimensão dos fluxos de remessas (cerca de 88 milhões de dólares). A migração produziria, além disso, um outro efeito positivo ligado a um aumento dos salários reais nos países de origem dos migrantes. Segundo o modelo do Banco Mundial, os possuidores de capital nos países pobres observariam, ao invés, um pioramento em termos de bem-estar associado à perda quer de trabalhadores qualificados, quer não qualificados. Embora seja difícil quantificar a dimensão dos fluxos migratórios «interditos» por políticas migratórias restritivas, é, no entanto, plausível conjecturar um custo muito elevado em termos de falta de oportunidades de desenvolvimento para os países pobres[12].

---

[12] A eliminação das restrições aos fluxos migratórios não só traria vantagens para os migrantes e para os residentes dos países de origem, como também produziria um benefício significativo para os países de destino dos migrantes. Um grande número de estudos chega a esta conclusão, de entre os quais, além do estudo supracitado do Banco Mundial [2006], o trabalho de Walmsley e Winters [2003].

QUADRO 3.1.

Remessas e desenvolvimento económico

Em tempos, mais precisamente entre os séculos dezanove e vinte, quando a Itália era um país de forte emigração, as remessas dos nossos emigrantes que afluíam a todas as cidades e campos da península eram definidas como «a fantástica chuva de ouro». A dimensão e o papel das remessas para o nosso país foram extraordinariamente importantes assim como são hoje para boa parte dos PVD[a]. O fluxo anual de remessas das economias avançadas há vários anos que superou os das transferências oficiais (*Official Development Aid*, ODA) para atingir dimensões mais próximas à dos fluxos de investimentos directos estrangeiros (IDE) e dos investimentos de carteira (IC) para os PVD. Em particular, em 2005, o fluxo de remessas dos migrantes para o conjunto dos PVD foi cerca de 167 milhões de dólares EUA. Um valor que aumentou 4,4% em relação ao ano anterior (eram 160 milhões de dólares) e que agora se situa em níveis análogos ao valor dos IDE a entrar nos PVD (166 milhões de dólares em 2004). Portanto,

---

[a] No interessante ensaio sobre a economia das remessas na história da emigração italiana, Massullo demonstra que, durante os primeiros quinze anos do século XX, o montante das remessas superava o da receita anual das contribuições fiscais directas do Estado italiano.

para o conjunto dos PVD, as remessas são uma fonte primária de capitais internacionais e, em particular, de forte divisa estrangeira. Em termos absolutos, os dez PVD que em 2005 receberam os fluxos máximos de remessas são: Índia (21,7 biliões de dólares), China (21,3 biliões), México (18,9 biliões), Filipinas (13,4 biliões), Marrocos (4,7 biliões), Sérvia e Montenegro (4,6 biliões), Paquistão (4,7 biliões), Bangladesh (3,8 biliões), Colômbia (3,7 biliões) e Brasil (3,6 biliões). Mas os valores absolutos dos fluxos não dão conta da importância relativa que as remessas assumem para cada PVD. Sob este ponto de vista, é mais útil observar o modo como o fluxo das remessas se relaciona com a dimensão da economia nacional. Pois bem, relacionando as remessas com produto interno bruto (o valor dos bens e dos serviços produzidos num ano) verifica-se que, para alguns países, em particular nas economias de pequenas dimensões, as remessas representam uma parte muito elevada (dados 2004): 31,1% para o Tonga, seguido da Moldávia (27,1%), Lesoto (25,8%), Haiti (24,8%), Bósnia-Herzegovina (22,5%), Jordânia (20,4%), Jamaica (17,4%), Sérvia-Montenegro (17,2), El Salvador (16,2%) e Honduras (15,5%)[b].

Portanto, para muitos países, são verdadeiramente uma «fantástica chuva de ouro» que, aliás, ao contrário de outras formas de entradas financeiras (nomeadamente os IDE e os IC), não se apresentam quais chuvas torrenciais seguidas de períodos de seca. Com

[b] As estimativas reportadas são extraídas do Banco Mundial [2006].

efeito, estas segundas tipologias de fluxos manifestam uma elevada volatilidade no tempo – basta pensar que por ocasião da crise asiática os investimentos de carteira, ou seja, os capitais que se deslocam entre países à procura de uma remuneração mais elevada, caíram de 100 para 40 biliões de dólares entre 1997 e 1999 – e os IDE, após o crescimento impetuoso dos anos 90, caíram visivelmente nos primeiros anos do novo milénio (recuperando apenas recentemente). Pelo contrário, o crescimento das remessas foi ininterrupto, aliás, as remessas podem aumentar quando o país de origem se encontra numa situação difícil. Por exemplo, observou--se um aumento considerável das remessas a seguir a episódios de profundas crises económicas e financeiras em alguns países: veja-se o caso da Indonésia em 1997, do Equador em 1999, da Argentina em 2001[c]. Por conseguinte, as remessas não só dão lugar a um valor crescente de capitais internacionais que afluem aos PVD, como também constituem, para eles, os fluxos de capital mais estáveis e, portanto, mais credíveis no tempo.

Qual o papel que as remessas desempenham no processo de desenvolvimento dos países de origem? Se servissem apenas para sustentar as possibilidades de consumo e, por conseguinte, o nível de vida das comunidades de origem dos emigrantes, a sua função seria

---

[c] Veja-se Spatafora [2005]. Outras análises recentes confirmam o curso geralmente anti-cíclico do fluxo de remessas. Para um aprofundamento, cf. Chami, Fullenkamn e Jashjah [2003] e também Sayan [2006].

meritória mas gerariam apenas um «alívio» temporário. A sua função não se limita a isso. Nos últimos anos, a investigação económica demonstrou que as remessas são muitas vezes recursos cruciais para o financiamento de investimentos a longo prazo do migrante (por exemplo, início de actividades empresariais no país de origem) e da sua família (por exemplo, investimentos na educação dos filhos). O potencial de desenvolvimento das remessas atinge o seu auge quando o migrante pretende regressar à pátria. Nesse caso, grande parte das remessas destina-se ao início de um projecto produtivo no país de origem. Os migrantes, mediadores do desenvolvimento económico, regressam à pátria com recursos financeiros (poupanças e remessas) e com um capital humano acrescido (novos conhecimentos e inovações tecnológicas). Para muitos PVD, os migrantes representam o único (e mais económico) canal de acesso ao *stock* de conhecimento produzido pelas economias avançadas. Portanto, as remessas desempenham um papel de co-protagonistas ao tornarem possível – com ou sem migrações de regresso – a criação de novas iniciativas produtivas e comerciais nos países de origem. E este é o contributo mais importante e duradouro que as remessas dos emigrantes podem dar: o desencadeamento de um processo que, através da criação de novas empresas lucrativas, pode activar um desenvolvimento auto-propulsor.

TAB. 3.1. *Remessas dos cidadãos estrangeiros em Itália em 2005: os primeiros 10 países destinatários (milhões de euros)*

	2005	%
China	575.505	23,7
Roménia	409.057	16,9
Filipinas	155.469	6,4
Marrocos	155.342	6,4
Senegal	99.591	4,1
Colômbia	81.521	3,4
Albânia	75.659	3,1
Brasil	63.016	2,6
Equador	58.936	2,4
República Dominicana	55.876	2,3
Total	2.425.285	100,0

Fonte: Caritas/Migrantes [2006].

Quão importantes são as remessas de saída de Itália? Em 2005, as remessas de cidadãos estrangeiros residentes em Itália cresceram 15,8% em relação a 2004 e atingiram os 2,5 biliões de euros (tab. 3.1).

O crescimento das remessas para a China é forte, pesando 23,7% no total das remessas de Itália, enquanto outro gigante asiático, a Índia, ainda só ascende a 1,5%. O fluxo de remessas para o centro-leste da Europa, em particular para a Roménia que, com os seus 16,9% do total, representa o segundo país de destino a seguir à China.

∎

O *segundo efeito negativo*, a jusante do processo migratório, está associado às consequências da clandestinidade no fluxo de remessas[13]. Com efeito, o benefício principal dos fluxos migratórios para os países de origem depende, em larga medida, da capacidade dos migrantes para acumular rendimentos e da sua propensão a enviar parte dos mesmos. A clandestinidade reduz de forma significativa a capacidade dos migrantes utilizarem plenamente o seu capital humano, despotenciando assim a aptidão dos mesmos para acumular poupanças. Como vimos no ponto anterior, a razão de se verificar este efeito de *skill waste* é simples: um migrante irregular só consegue aceder a um conjunto bastante limitado de oportunidades laborais, geralmente empregos instáveis, pouco remuneradas e de elevado risco. A necessidade de viver na sombra, para evitar a expulsão do país de destino, além de restringir as oportunidades de emprego (pelo menos os qualificados), reduz o poder contratual do clandestino em relação ao seu dador de trabalho. O resultado é: garantias escassas ou nulas e salários baixos.

---

[13] Como referimos anteriormente, as políticas migratórias restritivas, ao contrário do que desejam os governos que as adoptam, não tornam de modo nenhum as fronteiras impermeáveis aos fluxos de migrantes. Este segundo efeito está, portanto, associado ao custo da clandestinidade em termos de remessas para os que migram mesmo em condições irregulares.

A reduzida remuneração do projecto migratório reflecte-se, portanto, negativamente na capacidade de enviar remessas. Ao nível macro este efeito poderia ser bastante relevante para os países de origem dos migrantes. Segundo a simulação do Banco Mundial [2006], uma perfeita substituição entre trabalhadores imigrantes e nativos com as mesmas características, mantendo inalterados outros aspectos do exercício de estimativa efectuado, elevaria o valor das remessas líquidas reais de 88 para 129 biliões de dólares[14].

Mas o custo da clandestinidade, em termos de ausência de remessas, não se limita apenas à menor aptidão para criar rendimentos, prende-se também com uma *menor propensão dos migrantes a enviar dinheiro para os países de origem*. Um recente estudo conduzido por alguns investigadores da Universidade de Bari [Chiuri et al. 2006], utilizando os dados SIMI acima discutidos

---

[14] O exercício de simulação não distingue os migrantes legais dos ilegais. Todavia é avançada a hipótese de uma substituição imperfeita entre migrantes e nativos no mercado de trabalho do país de destino; por outras palavras, assume-se que os dadores de trabalho «preferem», mesmo em circunstâncias de igual produtividade, os residentes aos migrantes. A clandestinidade implica uma redução do grau de substituição entre um migrante e um nativo com as mesmas características, com total desvantagem para o primeiro. Por conseguinte, é possível, pelo menos numa primeira abordagem, identificar a diferença nas remessas líquidas aqui evidenciada como outro possível custo da clandestinidade.

(cap. 2), demonstra a relevância empírica desse efeito. A que se deve este reduzido incentivo ao envio de remessas? Uma possível explicação tem a ver com o facto de o estatuto de clandestino, além de reduzir os rendimentos económicos da experiência migratória, implicar a assumpção de riscos elevados (por exemplo, uma maior descontinuidade laboral, com frequentes períodos de inactividade) a que o indivíduo deve fazer face acumulando poupanças e recursos por precaução. Donde resulta uma menor capacidade de enviar remessas paras os países de origem.

A tudo isto acresce a elevada dificuldade, por parte dos migrantes irregulares, em utilizar modalidades de envio das remessas mais eficientes e económicas como aquelas disponibilizadas pelo canal bancário. Com efeito, uma larga fatia das remessas mundiais transita através dos canais de tipo informal (por exemplo, dinheiro confiado a amigos e conhecidos, companhias de transporte ou empresas de importação-exportação) muito arriscados e ineficientes (seja em termos de tempo de envio, seja por falta de pagamento de juros etc.), ou através de canais formais mais onerosos como os *Money Transfers* (que tipicamente retêm, para custos, comissões de 10 a 15% do valor enviado). Muito menos utilizado é o canal bancário que ofereceria, ao invés, garantias de maior segurança e custos de transferência geralmente menos elevados. É evidente que o migrante clandestino dificilmente recorrerá ao canal bancário para o envio de remessas. Mais uma vez o resultado final é uma redução das remessas que efectivamente chegam aos destinatários nos países de origem. Segundo alguns autores (veja-se o exemplo de Ratha [2003]), a possibilidade de abrir uma conta bancária à ordem mesmo por migrantes mexicanos irregulares, utilizando apenas a *matrícula consular*[15], em muitos estados do EUA, teve um efeito definitivamente positivo no fluxo geral de remessas para o México. Quais as vantagens que poderiam advir de uma maior «formalização» do envio de remessas? O recurso a canais formais, além de reduzir as preocupações associadas ao branqueamento de capital, aumenta o volume das remessas através da redução significativa dos custos de transacção[16]. Com efeito, os

---

[15] Documento de identidade emitido a migrantes regulares e irregulares pelos consolados mexicanos no EUA. Esse cartão de identidade é reconhecido como válido em inúmeros estados, esquadras, municípios, condados e por cerca de 300 instituições bancárias [Banco Mundial 2006, 139]. Graças a este documento, o migrante pode aceder a diversos serviços públicos e privados. Contudo, actualmente, está a ter lugar um amplo debate acerca do facto de, segundo alguns observadores, a *matrícula consular* poder ser facilmente falsificável e colocar, por conseguinte, questões de segurança nacional.

[16] Segundo um estudo recente de Gibson, McKenzie e Halahinga [2005], a redução dos custos de transferência das remessas da Nova Zelândia para o Tonga, a níveis considerados «competitivos» nos mercados internacionais, poderia aumentar em 28% o fluxo de remessas dos migrantes que já enviam dinheiro. A redu-

canais formais não só são mais credíveis, como também transferem os fundos através de sistemas de pagamentos que gozam de enormes economias de escala em relação às soluções informais individuais mais caras. Acresce ainda que, enquanto os canais informais não rendem juros, os formais permitem geralmente aos imigrantes obter lucros não insignificantes no processo de acumulação de poupanças para enviar para o país de origem. Mas talvez seja ainda mais relevante o contributo da formalização de canais de remessas que leva ao desenvolvimento de um sistema bancário moderno no país de origem. A bancarização ajuda os migrantes e as suas famílias a ganharem consciência das várias oportunidades de investimento financeiro alternativas; o recurso aos canais formais reduz o risco de um volume significativo de poupanças ficar inoperante, em vez de ser utilmente empregue de forma mais eficiente do ponto de vista económico[17]. Por conseguinte, atrair

ção dos custos poderia induzir também uma parte dos migrantes que não efectua remessas a enviá-las. Supõe-se que aumentos tão elevados do fluxo de remessas, desencadeados pela redução do custo das transferências, não sejam a regra. As variações mais significativas deveriam atingir os mercados das remessas internacionais pouco concorrenciais, caracterizadas por baixos fluxos iniciais.

[17] As próprias oportunidades, para as instituições financeiras, de interceptarem o conspícuo fluxo de remessas pode constituir um motor de transformação do sistema bancário de alguns países em vias de desenvolvimento. Nos últimos anos, algumas instituições

as remessas dos canais informais para os formais pode contribuir para aumentar o volume de remessas, bem como as intenções de regresso dos emigrantes, juntando assim os componentes para favorecer o crescimento no país de origem.

2.2. *Acumulação de capital humano nos países de origem: migrações ilegais e hipóteses de «beneficial brain drain»*

A literatura económica sobre os efeitos das migrações, embora concorde geralmente com a importância do fenómeno no desencadeamento de processos de desenvolvimento nos países de origem, também tem colocado em evidência alguns potenciais efeitos negativos. O tema mais relevante e, simultaneamente, mais debatido é o do *brain drain* ou fuga dos cérebros dos PVD. A perda de força de trabalho (sobretudo a mais qualificada) provocaria, segundo muitos observadores, efeitos socioeconómicos adversos (as designadas exteriorizações negativas) na população que fica nos países de ori-

---

bancárias estado-unidenses investiram visivelmente no sistema bancário mexicano com o objectivo de consolidar a sua posição no rentável negócio das remessas (essa parece ser a motivação principal da aquisição da Banamex por parte do Citibank, em 2001).

gem. Tais exteriorizações negativas, em alguns casos, podem ocorrer em vários canais:

- *menor produtividade média da força de trabalho remanescente*. O efeito negativo pode verificar-se se as pessoas que migrarem forem os trabalhadores com um elevado nível de conhecimentos, dificilmente substituíveis, pelo menos a curto prazo, por outros trabalhadores. Pense-se, por exemplo, na migração do pessoal da saúde dos países pobres; a perda de médicos e enfermeiras pode reduzir a eficácia geral do sistema de saúde destes países. Considerando o número de anos e de custos muito elevados necessários à formação de figuras profissionais altamente qualificadas, é evidente que a perda de produtividade do pessoal remanescente poderá prolongar-se por muito tempo[18];

---

[18] Esse efeito, como recordámos, não é de todo previsível. Às vezes a migração pode induzir a um aumento significativo de produtividade de quem fica, não só a médio e longo prazo (por exemplo, graças ao papel dos migrantes na transferência de fluxos de conhecimento e novas técnicas de produção dos países ricos para aqueles em vias de desenvolvimento) mas também no imediato. Os países de origem dos migrantes caracterizam-se frequentemente por um forte crescimento demográfico, com uma população muito jovem e elevadas taxas de desemprego e/ou subemprego. A pressão demográfica traduz-se na utilização predominante de técnicas de produção com elevada intensidade de trabalho, ou seja, cada

- *menor lucro do investimento que a colectividade fez na formação e instrução dos migrantes.* Se a migração dos trabalhadores qualificados for permanente, o efeito pode ser muito relevante[19]. Pense-se, de novo, na forte migração de médicos e enfermeiras dos PVD para os países desenvolvidos;
- *perda de entradas fiscais por parte do Estado.* Este efeito só se verificaria se os migrantes estivessem empregados nos países de origem e se fossem contribuintes líquidos;
- *menor capacidade de financiamento de bens públicos.* Uma população reduzida, em virtude da migração, poderia implicar um maior ónus para a população existente em termos de financiamento de bens públicos locais ou nacionais (como a saúde, a educação, as infra-estruturas de transporte e comunicação) que apresentam fortes economias de escala.

---

trabalhador tem à sua disposição, em média, uma escassa quantidade de capital (por exemplo, poucas máquinas e ferramentas agrícolas partilhados por muitos trabalhadores, por outras palavras, um número elevado de trabalhadores por unidade de terra/capital). A relação entre capital/trabalho melhora geralmente com a migração que gera um aumento de produtividade para os trabalhadores remanescentes.

[19] Se, pelo contrário, a migração for temporária é bastante provável que a fuga inicial de cérebros produza um efeito benéfico através de um posterior enriquecimento de conhecimentos e de capital humano dos migrantes.

Todavia, também há que referir que a migração, em alguns casos, poderia melhorar a eficiência da distribuição dos serviços públicos reduzindo o «congestionamento» na utilização dos mesmos.

Até aos anos 80, a literatura económica parecia bastante unânime: o *brain drain* era visto como um prejuízo de tal forma considerável para os países de origem que exigia, segundo alguns, nomeadamente Jagdish Bhagwati, dispositivos de correcção como a aplicação de um imposto sobre o rendimento dos migrantes de saída, ou seja, o «imposto sobre os cérebros»[20]. Contributos teóricos e evidências empíricas sucessivas reconsideraram, em parte, os efeitos provocados pelo *brain drain* e pela emigração em geral na economia, trazendo à luz uma série de benefícios associados: o aumento dos fluxos comerciais, as remessas dos migrantes; a promoção dos migrantes com novos conhecimentos e competências.

Uma teoria recente, conhecida como hipótese do *beneficial brain drain* (literalmente «fuga de cérebros vantajosa»), acrescenta outro elemento a favor dos efeitos positivos da emigração dos trabalhadores qualificados. A ideia que está na base do *beneficial brain drain* é a seguinte: um indivíduo sente-se motivado a investir no

---

[20] Para um maior aprofundamento remetemos para Bhagwati e Hamada [1974]; Bhagwati [1976]; Bhagwati e Partington [1976]; Bhagwati e Wilson [1989].

seu capital humano através de actividades de instrução e formação se entrever lucros económicos, principalmente em termos de remuneração futura, desse investimento[21]. Investirá tempo e dinheiro na sua formação de engenheiro, somente se a sua expectativa de vantagens económicas e não económicas (como prestígio, notoriedade, etc.) superar os custos monetários e não monetários de tal escolha. Na maioria das vezes o capital humano é muito pouco remunerado nos países pobres, com a consequente baixa formação, fazendo com que falte um elemento indispensável ao crescimento económico nestes países. Estas circunstâncias desencadeiam o efeito benéfico das migrações, afirmado por alguns economistas: a mera aspiração a migrar (não a absoluta certeza de migrar), aumentando o lucro esperado pelo investimento na instrução, representa um poderoso incentivo à acumulação de capital humano nos países pobres. Portanto, a perda de capital humano, associada à emigração de trabalhadores qualificados, poderia ser mais do que compensada pelo incentivo da ambição de migrar. Condição necessária é a continuação de uma certa probabilidade de a intenção de migrar se traduzir em migração efectiva e não a

---

[21] Inicialmente proposta por Mountford [1997] e posteriormente retomada por Stark numa série de estudos com outros co-autores [Stark e Wang, 2002; Stark, Helmenstein e Prskawetz, 1997; 1998].

certeza de migração para todos. Por exemplo, só uma parte dos engenheiros que se formaram para seguir o «sonho» de um trabalho num país rico consegue efectivamente atingir a meta ambicionada.

O exemplo na tabela 3.2 evidencia o papel positivo do incentivo que a possibilidade de migrar para um país rico pode gerar nos processos de acumulação de capital humano nos PVD. Suponhamos que um jovem albanês deve decidir, a dada altura da sua vida, se continua ou não a investir em actividades de formação. Para simplificar, suponhamos que ele tem opção de continuar a estudar para obter uma licenciatura em engenharia ou, pelo contrário, de entrar directamente no mercado de trabalho como trabalhador não qualificado. Na tabela 3.2 reportamos, para cada uma das possíveis opções, o valor monetário esperado[22].

Imaginando que se permanecer na Albânia após concluir a licenciatura, o lucro líquido do posterior investimento em capital humano, menos o custo suportado, é de 4000 euros (remuneração média anual esperada para um engenheiro, na Albânia, é de 8000 euros menos o custo de formação que é 4000). Na ausência da possibilidade de migrar para o estrangeiro, o investimento em mais capital humano não seria particular-

---

[22] O valor actual de todos os fluxos monetários de entrada e de saída esperados no futuro.

TAB. 3.2. O incentivo ao investimento no capital humano induzido pela possibilidade de migrar

Lugar de trabalho	Investimento em instrução	
	Licenciatura em engenharia	Escolaridade obrigatória
1. Albânia	Remuneração esperada (engenheiro Albânia) – custo da formação = 8000 – 4000 = 4000 euros	Remuneração esperada (trabalhador não qualificado na Albânia) – custo da formação = 5000 – 0 = 5000 euros
2. Itália (migrante regular)	Remuneração esperada (engenheiro em Itália) – custo da formação = 20 000 – 4000 = 16 000 euros	Remuneração esperada (trabalhador não qualificado em Itália) – custo da formação = 10 000 – 0 = 10 000 euros

mente conveniente. A possibilidade de migrar de forma regular para Itália poderia induzir o jovem albanês a rever os seus projectos. Na linha 2 da tabela 3.2, vemos que a remuneração média líquida esperada, já incluindo os custos da formação, de um emprego como engenheiro em Itália torna apetecível o investimento em capital humano na Albânia. Se, como é provável, nem todos os trabalhadores qualificados emigram efectivamente, gera-se um aumento do *stock* de capital humano no país de origem.

Mas o *beneficial brain drain* permanece uma hipótese teórica ou verifica-se na realidade? A ideia de que esse mecanismo de incentivo à aquisição de capital humano está realmente presente na escolha de instrução é confirmada pela observação de alguns factos (como o extraordinário empenho demonstrado por milhares de estudantes indianos, chineses e de outros PVD, ao adquirirem competências que podem representar um bilhete de entrada nos EUA, ou em outras economias avançadas) reportados em estudos empíricos recentes. Particularmente interessante é o estudo de Beine, Docquier e Rapoport [2003] que atesta a validade da hipótese de *beneficial brain drain*, utilizando uma amostra de 50 países em vias de desenvolvimento. Todavia, os seus resultados mostram que a migração de trabalhadores qualificados tem, nos países de origem, quer vencedores, países onde verdadeiramente se verifica o *beneficial brain drain*, quer derrotados, países que, ao invés, sentem a predominância das consequências negativas da fuga de cérebros[23]. Quem são os «derrotados»? Trata-se daqueles países com taxas de emigração muito elevadas e com sistemas escolares e de formação pouco eficazes, entre os quais grande parte dos países da América Latina. Pelo contrário, os países que beneficiam de taxas de crescimento mais elevadas em virtude da emigração de trabalhadores qualificados são apenas nove, de entre os quais a Índia, Paquistão, China e Brasil que, no entanto, dada a sua dimensão representam grande parte da população dos PVD. Os países «vencedores» apresentam taxas de emigração mais modestas e sistemas de educação mais eficientes.

Por conseguinte, a mensagem chave do trabalho de Beine e dos seus colegas é a seguinte: *a ocorrência de um beneficial brain drain é possível*, sobretudo para os países em que o custo de aquisição de capital humano não é excessivo (ou seja, países com um bom sistema de educação) e com baixas taxas de emigração (quer legal ou ilegal). Acrescenta-se, portanto, mais este efeito positivo à lista das vantagens da emigração para os PVD.

Neste momento é fundamental levantarmos a seguinte questão: *qual o efeito produzido pela alternativa de migrar como clandestino no beneficial brain drain?* A condição

---

[23] Para cada país da amostra analisada, os autores comparam o crescimento económico efectivo com o que se teria verificado, com base nos resultados da sua análise, na ausência de emigração.

TAB. 3.3. Convém investir em capital humano? Um exemplo do efeito distorcido provocado pela condição de clandestinidade

Lugares de trabalho	Investimento em instrução	
	Licenciatura em Engenharia	Escolaridade obrigatória
1. Albânia	Remuneração esperada (engenheiro na Albânia) – custo da formação = 10 000 – 4000 = 6000 euros	Remuneração esperada (trabalhador não qualificado na Albânia) –custo da formação = 5000 – 0 = 5000 euros
2. Itália (migrante regular)	Remuneração esperada (engenheiro em Itália) – custo da formação = 20 000 – 4000 = 16 000 euros	Remuneração esperada (trabalhador não qualificado em Itália) – custo da formação = 10 000 – 0 = 10 000 euros
3. Itália (clandestino)	Remuneração esperada (clandestino em Itália) – custo da formação – custo da migração clandestina = 8000 – 4000 – 1000 = 3000 euros	Remuneração esperada (clandestino em Itália) – custo da formação-custo da migração clandestina = 8000 – 0 – 1000 = 7000 euros

de clandestinidade, reduzindo o lucro económico do capital humano acumulado no país de origem, mina os próprios alicerces da hipótese de *beneficial brain drain*. Se a única opção para o indivíduo é a de migrar clandestinamente e aceder a trabalhos pouco qualificados nos países de destino, o incentivo ao investimento em instrução torna-se muito fraco.

Retomemos o exemplo anterior para esclarecer como é que a migração ilegal pode provocar um efeito distorcido no processo de acumulação de capital humano nos países de origem (tab. 3.3.). Ao contrário do exemplo anterior, suponhamos agora que não havendo possibilidade de migrar o jovem albanês acha vantajoso investir no seu capital humano em virtude da elevada remuneração do mesmo no mercado de trabalho. Com efeito, se o «potencial migrante» permanecer na Albânia após a conclusão da licenciatura, o lucro líquido do posterior investimento em capital humano, incluindo os custos suportados, é de 6000 euros. Se, ao invés, decidir não prosseguir os estudos, poderá aspirar a um rendimento de 5000 euros.

A possibilidade de migrar por vias regulares não distorceria essa escolha (linha 2). Com efeito, em Itália, com uma licenciatura em engenharia, o cidadão albanês poderia aspirar a um rendimento líquido de 16 000 euros contra um rendimento líquido de 10 000 sem qualificações. Se, pelo contrário, a migração irregular fosse a única opção do jovem albanês, em virtude de políticas migratórias muito restritivas em Itália, e o custo da migração clandestina fosse bastante modesto (suponhamos 1000 euros, dada, por exemplo, a proximidade dos dois países), os incentivos seriam completamente invertidos: a comparação entre a linha 1 e a linha 3 evidencia que a opção mais remunerada – ou seja, a estratégia dominante, na terminologia da teoria dos jogos –, para o indivíduo, é a de não prosseguir os estudos e migrar clandestinamente para Itália.

Embora o exemplo aqui referido seja, por exigências de exposição, bastante simplista, esse salienta o provável efeito distorcido gerado pela clandestinidade[24]. Os resultados do capítulo 2 evidenciam que o imigrante irregular é mediamente instruído. Importa sublinhar que, não obstante o custo de oportunidade[25] de migrar ser mais elevado para o migrante qualificado, as grandes discrepâncias de rendimento (evidenciadas pelas expectativas de rendimento; cap. 2, ponto 6) representam um íman para todos. Por seu turno, os elevados

---

[24] O exemplo baseia-se em dados hipotéticos e negligencia alguns aspectos importantes como o perfil temporal da experiência migratória, a probabilidade de o clandestino se tornar, a dada altura, um migrante regular através de uma regularização, o custo directo e o custo de oportunidade suportado pelo indivíduo ao migrar clandestinamente.
[25] O valor económico da melhor alternativa à disposição do migrante no seu país de origem.

custos de emigração constituem um travão, sobretudo, para os indivíduos menos qualificados (ponto 3.2).

Em síntese, a clandestinidade enfraquece a ligação entre migração e desenvolvimento económico. A perda líquida concretiza-se na redução dos fluxos de entrada de recursos financeiros e humanos fundamentais que poderiam desencadear um desenvolvimento económico autopropulsor. As remessas de entrada são reduzidas não só por causa dos menores fluxos regulares, mas também em virtude de uma limitada capacidade e propensão para enviar dinheiro e ajudas para o país de origem. A acumulação de capital humano, condição imprescindível do factor trabalho nas economias mais avançadas, encontra fortes obstáculos precisamente no estatuto de clandestino, cuja consequência primária é a impossibilidade de empregar de modo remunerativo os seus conhecimentos no país de destino. A clandestinidade pode criar fortes desincentivos ao investimento em instrução seja antes da partida (contrariamente à hipótese ilustrada do *beneficial brain drain*), seja durante a experiência migratória. O corolário deste efeito é um reduzido impacto pró-desenvolvimento das migrações de regresso de indivíduos que viveram em condições de clandestinidade.

Antes de continuarmos, no próximo ponto, a análise do custo da clandestinidade para os países de destino dos migrantes, cabe aqui acrescentar, para concluir, que se o efeito colateral de políticas migratórias restritivas é o de limitar o benefício da emigração e retardar o desenvolvimento económico nos países de origem dos migrantes, as mesmas são indirectamente responsáveis pela continuação das condições que estão na origem de uma forte pressão migratória do Sul para o Norte do mundo.

■

QUADRO 3.2.

Remessas de saída: uma drenagem de recursos para os países de destino dos migrantes?

Consideremos a seguinte argumentação: se é verdade que o valor das remessas é muito elevado e fonte imprescindível de financiamento para os países pobres, então o verso da medalha poderia ver os países ricos a serem alvo de uma drenagem de imensos recursos que, em contrapartida, poderiam ser gastos ou investidos pelos migrantes nos países de destino.

Importa recordar que é falacioso pensar em relações económicas em termos de pura «conflitualidade». Um euro que deixa a nossa fronteira gera um aumento de bem-estar no país ao qual aquele valor se destina, mas não implica necessariamente uma igual redução de bem-estar para Itália. Se as remessas para os países de origem contribuem para desencadear processos de desenvolvimento e para financiar a aquisição de bens e serviços, então, os benefícios desse desenvolvimento não se confinarão exclusivamente aos países pobres, mas irão também abranger os países dos quais provêm as remessas, através de vários canais, entre os quais *in primus* o aumento das importações de bens e de serviços produzidos nas mesmas economias avançadas. A título de exemplo considere-se que, segundo estimativas do Banco Mundial, a frente de remessas dos cidadãos albaneses residentes em Itália é de mais de 300 milhões de euros e que a exportação italiana para a Albânia, em 2004 foi de 583 milhões de euros. Montante que cresce a par e passo com o desenvolvimento económico do nosso país vizinho.

No entanto, convém precisar que, em termos relativos, o peso das remessas, expresso em percentagem do PIB nacional, é maior para os países que as recebem. Na figura 3.2 reportamos os primeiros dez países e os respectivos valores das remessas de entrada e de saída, em percentagem do produto interno bruto (PIB). As remessas representam 3,3% do PIB nos principais países de origem das mesmas (percentagem que desce para 1,6% se excluirmos o Luxemburgo) contra os 5,6% do PIB para os primeiros dez países recebedores em valores absolutos. No nosso país, as remessas oficiais de saída representam apenas 0,3% do PIB.

As remessas, portanto, podem desempenhar um papel fundamental de estímulo à convergência entre as diversas economias mundiais, erradicando, pelo menos em parte, os factores que impulsionam milhões de indivíduos a deixar o seu país.

∎

148 | O EXÉRCITO DOS INVISÍVEIS

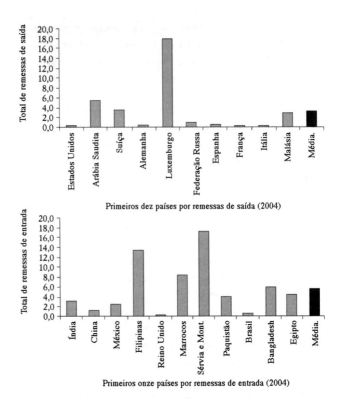

FIG. 3.2. Peso das remessas de saída e de entrada no produto interno bruto (%).

Fonte: Elaboração nossa a partir dos dados do Banco Mundial [2006].

3. Clandestinidade e países de destino

Até agora ilustrámos alguns dos mais importantes efeitos económicos que a clandestinidade produz nos migrantes e no desenvolvimento dos países de origem. O leitor poderá observar que, embora seja importante ter em conta os efeitos colaterais, a política migratória espelha, ou deveria espelhar, de forma exclusiva as preferências e as exigências dos cidadãos do país que a adopta: uma análise de custos-benefícios que tenha o objectivo de identificar a melhor política migratória terá exclusivamente em consideração o bem-estar destes últimos.

Neste parágrafo, o nosso *focus* centra-se precisamente nos custos da clandestinidade para os países de destino. O objectivo é convencer o leitor de que os custos da clandestinidade são bem maiores do que os da política de contenção da imigração (o custo dos muros, arame farpado e de controlo das nossas fronteiras). Como veremos, o custo da clandestinidade para os países de acolhimento inclui também o das «oportunidades falhadas» de transformar o fenómeno da imigração num manancial económico e cultural. Importa ter presente que a imigração clandestina traz benefícios substanciais para alguns, *in primis*, para as organizações criminais que se dedicam ao tráfico de vidas humanas mas também para quem emprega trabalhadores clandestinos (veja-se o quadro 3.3).

3.1. «Skill waste effect» e contributo económico dos migrantes

Consequência inevitável da impossibilidade para o migrante ilegal de utilizar plenamente o seu capital humano no país de acolhimento, o que acima definimos como *skill waste effect*, é o seu reduzido contributo para a economia do nosso país. Dezenas de estudos e investigações sobre o fenómeno migratório (regular) conduziram a um resultado amplamente partilhado: os migrantes, em média, são indivíduos mais hábeis, empreendedores, ambiciosos e com maiores capacidades empreendedoras do que os que ficam no país de origem[26].

Os efeitos económicos gerados por fluxos de migrantes com estas características são, de modo geral, extremamente positivos (veja-se o quadro 3.4 para uma breve discussão sobre os efeitos da migração nos salários e no emprego dos países de acolhimento). A história económica de países com uma forte tradição de acolhimento, como os EUA, o Canadá, a Suíça, a Austrália, representa um ícone do contributo dos imigrantes para a economia dos países anfitriões.

---

[26] É bom recordar que, embora haja um amplo consenso sobre a selecção positiva dos migrantes em relação às populações de origem, há vários anos que está a decorrer um debate sobre a degradação (ou não) da «qualidade» dos migrantes que entram nos Estados Unidos ao longo do tempo. Principais promotores do debate são Borjas [1987; 1993] e Chidwick [1978; 1986].

QUADRO 3.3.

Exploração dos migrantes irregulares: quem ganha com isso?

Se a clandestinidade implica uma capacidade reduzida do migrante obter uma remuneração adequada ao seu trabalho, em outros termos, um salário abaixo dos salários de «mercado», é evidente que ao lado dos «derrotados-explorados» estão os «vencedores-exploradores». Quem beneficia directamente da irregularidade da migração? Nas fileiras dos vencedores, a primeira fila cabe aos «vectores principais» do exército dos invisíveis, os chamados traficantes de homens, frequentemente organizações criminais de carácter internacional. Apesar de não estarem disponíveis dados exactos sobre a dimensão do tráfico de seres humanos, o fenómeno é enorme a nível global. A UNICEF estimou os lucros totais, para os traficantes, entre 7 a 10 milhões de dólares americanos por ano. Estimativas análogas, de cerca de 9,5 milhões de dólares, são reportadas pelo Departamento de Estado Norte-americano [Departamento de Estado Norte-americano 2005]. O fenómeno também envolve de modo relevante o nosso país, há vários anos «porta de acesso à Europa». Ulteriores beneficiários do fenómeno da emigração clandestina são os «utentes» finais da força de trabalho irregular. Esta categoria é bastante heterogénea e abrange desde empreendedores com poucos escrúpulos, que operam tanto na economia paralela, ilegal, como na regular, a cidadãos que utilizam a mão-de-

-obra oferecida pelos migrantes sem dar em troca as adequadas condições de trabalho (quer em termos de remuneração, quer em termos de garantias e segurança no trabalho). Convém recordar que a exploração económica desemboca muitas vezes na intolerável repressão das liberdades individuais e inclusive na redução à escravidão. Além dos aspectos morais da questão ligada às manifestas vantagens de algumas categorias em detrimento dos migrantes clandestinos, levanta-se uma importante questão de equidade distributiva. A imigração regular também produz efeitos económicos, mas muito diversos, nos residentes dos países de acolhimento: algumas categorias, geralmente o mundo das empresas e os trabalhadores qualificados, são mais beneficiadas, ao passo que outras, às vezes, sofrem a degradação do seu bem-estar, como, por exemplo, os trabalhadores que competem directamente no mercado de trabalho com os novos migrantes. Todavia, por intermédio do sistema fiscal, um mecanismo de compensação automática reduz, pelo menos em parte, a distribuição desigual dos efeitos económicos da migração: o aumento das entradas fiscais resultantes dos rendimentos de quem beneficia com a emigração (incluindo a tributação do rendimento dos próprios migrantes) implica uma maior possibilidade de despesa compensatória a favor de quem, pelo contrário, é penalizado. É evidente que se a imigração é irregular este mecanismo compensatório deixa de funcionar, na medida em que grande parte dos benefícios é invisível ao fisco.

■

Para quem tem familiaridade com estes países, mas também com algumas zonas do nosso país, ter-lhe-á parecido evidente um aspecto muito importante: *a elevada taxa de empreendedorismo dos imigrantes*, muitas vezes superior à da população local (veja-se, a propósito, para os EUA, a análise recente de Toussaint-Comeau [2005]). Uma dinâmica empresarial que não esteja limitada exclusivamente a sectores como restauração, serviços domésticos, artesanato e distribuição comercial, mas que envolve sectores de elevada intensidade tecnológica e de valor acrescentado. Segundo um estudo conduzido por Saxenian [1999], cerca de 24% das empresas *high-tech* que surgiram entre 1980 e 1998 foram fundadas por imigrantes chineses e indianos, entre as quais as conhecidas Yahoo! e Hotmail.

Este extraordinário contributo potencial dos migrantes ao darem novas ideias, desenvolverem inovações tecnológicas e, em geral, ao porem as suas competências ao serviço da economia do país anfitrião, não pode ser feito em condições de clandestinidade.

3.2. *Clandestinidade e «qualidades» dos migrantes*

A literatura económica é geralmente consensual ao considerar que os migrantes representam a faixa da população mais qualificada e instruída dos países de origem. Por que é que são, de modo geral, os indivíduos com mais «elevado potencial» a migrarem? Um indivíduo decidirá migrar se os benefícios esperados, para si e para a sua família, superarem os custos da migração, que, como vimos no capítulo 2, muitas vezes são altos. A migração é comparável a um investimento muito arriscado e com elevados custos. Os indivíduos mais qualificados e instruídos terão, por norma, as melhores oportunidades nos países de destino; por outras palavras, têm a expectativa de benefícios mais elevados do que os menos qualificados e instruídos. O mesmo raciocínio se aplica aos custos da migração: em geral tendem a ser mais baixos para os qualificados (por exemplo, em termos de mais baixa duração de períodos de desemprego e procura de trabalho, menor custo de acesso a informações precisas, maior facilidade de adaptação). O resultado é, portanto, uma *selecção positiva* dos migrantes em relação aos que possuem as melhores características qualitativas.

■

QUADRO 3.4.

O impacto da migração no salário e no emprego nos países de destino

Qual o efeito de um fluxo de migrantes no mercado de trabalho nos países de destino? A resposta a esta questão é de particular interesse, na medida em que o valor desse efeito está extremamente ligado ao efeito distributivo que a migração implica na sociedade anfitriã (quem ganha com isso? Quem perde?). O *principal slogan a favor de políticas migratórias restritivas* pode resumir-se ao seguinte: *a imigração tem um efeito negativo quer nas taxas de emprego, quer nos salários nos países de destino.*

Mas esse receio é confirmado pela evidência empírica? A resposta depende substancialmente de pelo menos três aspectos:

1. do grau de substituibilidade no mercado de trabalho entre imigrantes e nativos, ou seja, se o trabalho oferecido pelo migrante substitui ou complementa o do trabalhador nativo. Só no primeiro caso é que o efeito pode ser negativo;

2. da fase do ciclo económico no país de destino. Se há um forte aumento da probabilidade que apresente «*bottleneck*» ou dificuldades de recrutamento no mercado de trabalho, o papel dos imigrantes no «oleamento» do sistema económico é muito importante. Embora os empregos destinados aos imigrantes apresentem um elevado nível de substituibilidade em relação aos nativos, as oportunidades de mobilidade de emprego (ou seja, mudança para empregos diferentes e muitas vezes mais qualificados) tornam modesta e apenas transitória a competição entre migrantes e nativos. O discurso é diferente para os períodos de dificuldades económicas; recorde-se que, todavia, os fluxos migratórios são orientados principalmente para os territórios que oferecem as melhores oportunidades (no Sul, encontram-se apenas 12% dos imigrantes residentes

em Itália a 1 de Janeiro de 2006 contra 11% só do distrito de Milão [ISTAT];
3. do período em que os efeitos são medidos. Durante um breve período, quando outros factores produtivos (por exemplo, o *stock* de capital) são fixos, um aumento da força de trabalho gerada por copiosos afluxos migratórios pode determinar uma redução dos salários e a saída do mercado de parte da força de trabalho preexistente. Durante um longo período, eventuais efeitos negativos são, no entanto, reabsorvidos e tornam-se nulos. Segundo um estudo recente [Cohen-Goldner e Paserman 2004] sobre o fluxo maciço de imigrantes em Israel entre 1989 e 1999, o efeito num breve período de um aumento de 10% da quota de imigrantes traduz-se numa redução do salário dos trabalhadores nativos entre 1 a 3%. Este efeito adverso é completamente reabsorvido num período entre 4 a 7 anos. Além disso, nenhum efeito negativo no nível de emprego dos nativos é encontrado pelos autores, quer num breve, quer num longo período.

Grande parte dos estudos evidencia um efeito muito limitado – às vezes nulo – da imigração nos salários e níveis de emprego dos nativos. Por exemplo, David Card [2005], comparando a cadência dos salários em cidades americanas de elevada imigração com cidades de baixa imigração, encontra poucas provas de um efeito negativo da imigração nos salários dos trabalhadores menos qualificados. Utilizando uma abordagem diferente, ou seja, comparando a cadência salarial em categorias profissionais com alta e baixa intensidade de migrantes, Georges Borjas [2003; Borjas e Katz 2005] demonstra um efeito negativo da imigração nos salários, em média, de 3% com picos mais elevados para os trabalhadores com menor instrução (− 8%). Estas estimativas descem a valores, em média, quase nulos (− 5% para os trabalhadores com menor instrução) se tivermos em conta o ajustamento no *stock* de capital provocado pelo aumento do número de migrantes. Um estudo recente de Gianmarco Ottaviano e Giovanni Peri [2006] afirma que os fluxos migratórios de entrada nos EUA, no período entre 1980 e 2000, tiveram um efeito médio positivo, cerca de +2%, nos salários dos trabalhadores nativos. Chegou-se a essas conclusões, utilizando uma abordagem muito semelhante à de Borjas (por exemplo, tendo em conta o ajustamento do *stock* de capital provocado pelas migrações) mas considerando um maior grau de complementaridade entre migrantes e nativos com semelhantes graus de instrução e experiência. Este último ponto é confirmado por uma forte evidência que traz à luz opções de emprego muito diversas entre migrantes e nativos com características semelhantes, opções que reduzem fortemente a competição entre os dois grupos no mercado de trabalho.

Em síntese, as verificações empíricas são bastante inconclusivas sobre o tipo – se é negativo ou positivo – do efeito da imigração nos salários e no emprego. Todavia, os resultados são coerentes ao mostrar que esses efeitos são muito modestos: os defensores de políticas restritivas deveriam preocupar-se em encontrar outros *slogans* mais credíveis.

■

O efeito da clandestinidade na selecção qualitativa dos migrantes é bastante ambíguo. Por um lado, como já referimos várias vezes, ao reduzir-se a remuneração do investimento em capital humano para os indivíduos mais qualificados, reduz-se a motivação destes últimos para migrar (reduz-se o benefício esperado). Por outro lado, como salientou Bray [1984], dado os maiores custos da migração clandestina, os migrantes ilegais podem apresentar um maior nível de instrução e de qualificações do que os migrantes regulares, ao passo que os menos qualificados podem ter vínculos maiores que tornem proibitiva a migração. Se são os migrantes mais qualificados ou menos qualificados que migrarão como clandestinos, isso irá depender de qual for o efeito predominante.

A análise dos dados sobre os migrantes irregulares em Itália revela um nível de instrução não particularmente baixo (cap. 2). Provavelmente isso prende-se com o facto de, embora conscientes da baixa taxa de remuneração do seu capital humano, serem precisamente os migrantes irregulares com elevado grau de qualificação e instrução que têm acesso a canais informais de crédito e que podem financiar o custo elevado que a migração constitui. Todavia, resulta evidente no recente estudo de Coniglio, De Arcangelis e Serlenga [2006] que estes indivíduos são também os mais propensos a regressar ao país de origem; as migrações de regresso dos migrantes irregulares poderiam deixar, por conseguinte, o país de acolhimento com um *stock* de clandestinos cada vez menos qualificados. É óbvio que este resultado é exactamente o oposto daquele que um grande número de governos dos países de acolhimento desejam alcançar com políticas de imigração selectivas.

Para países como a Itália, que a par da política migratória particularmente restritiva não tem políticas de atracção de trabalhadores qualificados do resto do mundo, um outro custo a considerar pode estar ligado ao desvio de fluxos de trabalhadores qualificados para outros países. Com o aumento dos custos que a clandestinidade comporta para os migrantes mais brilhantes e qualificados, será cada vez mais improvável que os mesmos escolham países com políticas migratórias como as que estão actualmente em vigor em Itália. Principalmente se um grande número de países (como o Canadá, os EUA, a Austrália, o Reino Unido e, recentemente, a Alemanha e a França), pelo contrário, desbravarem o caminho de entrada destas categorias de trabalhadores com políticas fortemente selectivas.

3.3. *Clandestinidade e contribuição dos migrantes para finanças públicas*

Qual o contributo dos migrantes para os cofres estatais? Estudos conduzidos sobre a contribuição líquida dos migrantes (regulares) para as finanças públicas[27] acabam geralmente por evidenciar um contributo positivo, ainda que de valor modesto [OCDE, 1997; Coppel, Dumont e Visco 2001].

O cálculo da contribuição financeira líquida dos migrantes para o balanço estatal apresenta imensas dificuldades [Banco Mundial 2006, cap. 2]. É, portanto, necessário definir vários aspectos no exercício de estimativa:

- *que tipos de entrada e despesa considerar* (por exemplo, as despesas de educação são consideradas despesas líquidas irrecuperáveis ou investimentos colectivos recuperáveis ao longo do tempo graças ao aumento de produtividade do migrante?);
- *quem incluir* no cálculo: o migrante ou toda a sua família?;
- *que tipo de perfil temporário examinar*. Um estudo de Gustafsson e Osterberg [2001] demonstrou que os recém-chegados à Suécia geram inicialmente uma perda fiscal líquida que, após alguns anos, se transforma numa contribuição líquida. A idade do imigrante também é importante. Um estudo de Smith e Edmonston [1997] demonstra que se a chegada

---

[27] A diferença, substancialmente, entre as contribuições dos migrantes em termos de impostos e contribuição social e o valor da despesa pública, sobretudo com a saúde, educação e caixa de previdência, de que o migrante e a sua família usufruem.

ocorrer no período em que o imigrante tem uma idade compreendida entre os 10 e os 25 anos de idade o contributo para as finanças públicas, a longo prazo, é positivo; pelo contrário, quando a idade do migrante é avançada, superior a 65 anos, a contribuição líquida é, muito provavelmente, negativa;
- *qual é o nível de competências e de instrução do migrante.* Um grande número de estudos demonstra que a contribuição é decididamente positiva para os migrantes mais qualificados [veja-se para os EUA Rowthorn 2004; Storesletten 2000].

A clandestinidade tende a deslocar a agulha da balança para uma contribuição líquida negativa para as finanças públicas por uma série de razões. A principal tem a ver com o facto de o exército dos invisíveis escapar não só às estatísticas mas também ao fisco; como já observámos nos parágrafos anteriores, a imigração clandestina alimenta a economia paralela, igualmente opaca ao fisco. Além disso, à luz do efeito que a clandestinidade tem no rendimento do capital humano do migrante, é provável que a contribuição líquida dos migrantes em países com políticas migratórias restritivas e pouco selectivas (como a Itália) seja mais baixo.

Convém recordar que, em Itália (e em muitos outros países da União Europeia), a condição de clandestinidade geralmente não impede que o migrante e a sua família acedam a alguns bens públicos primários (como a saúde e a educação para os menores). Ao avaliar o impacto do fenómeno da imigração clandestina no balanço público importa também ter em conta o enorme custo da política de contenção da imigração. Segundo o Tribunal de Contas, o combate à imigração clandestina custou mais de 115 milhões de euros em 2004[28]. A estes acrescentam-se os custos de gestão dos Centros de Instalação Provisória, com os quais o Estado gastou, nos primeiros nove meses, 30,4 milhões de euros, ainda segundo o relatório do Tribunal de Contas [2004]. E ainda os avultados custos de expulsão dos migrantes irregulares (despesas de transporte, custo dos voos *charters* e dos barcos, etc.) que, em 2003, ascendiam a 12,7 milhões de euros.

4. Clandestinidade e comércio bilateral

A literatura económica mostra que os fluxos migratórios também interagem positivamente com o intercâmbio comercial entre países. A mobilidade dos migrantes transforma-os em sensores de oportunidades económicas desaproveitadas, promovendo assim o comércio

---

[28] Em contrapartida, como salienta o relatório da European Migration Network [2005] sobre a imigração irregular em Itália, só se gastaram 19 milhões de euros em projectos de integração e assistência de imigrantes.

entre os países de origem e os de destino. Apesar da crescente integração e do processo de globalização económica, os custos do comércio internacional ainda são consideráveis. Estima-se[29] que 17% do custo do comércio internacional seja constituído por custos de informação, custos legais e reguladores, e custos suportados para fazer respeitar os acordos comerciais. Trata-se de custos intangíveis, ocultos e não facilmente quantificáveis. Vários estudos mostram que, para cada relação bilateral entre o país de imigração e os de origem, o valor desses custos é inversamente proporcional à dimensão do *stock* de imigrantes residentes no país de destino e provenientes daquele específico país de origem. O número de imigrantes, com efeito, pode ser utilizado como «medida» da força das *networks* sociais. Neste sentido, a migração alarga o mercado, na medida em que cria uma maior interacção entre trabalhadores e empresas, permitindo nomeadamente um acesso mais eficaz às informações sem custos adicionais. Por outras palavras, ao aumento do número dos imigrantes corresponde um maior conhecimento entre países de proveniência e de destino; esta acumulação de informações tem como efeito a redução de custos de transacção e, consequentemente, o estímulo do comércio bilateral. Mais especificamente, os imigrantes podem influenciar

---

[29] Anderson e van Wincoop [2004].

as trocas comerciais entre os dois países através de três canais principais: *i*) dada a sua preferência pelos produtos típicos provenientes dos países de origem, a presença de comunidades de imigrantes pode estimular a importação desses bens; *ii*) graças à maior consciência dos diversos custos de transporte, da diferenciação dos produtos e das preferências, os imigrantes podem funcionar como *ponte informativa* e facilitar o comércio (quer a importação, quer a exportação entre o país de origem e de destino); *iii*) graças ao efeito *network* desencadeado pela pertença étnica, os imigrantes gozam da confiança dos que ficam no país de origem e, nesse sentido, promovem quer a importação, quer a exportação entre os dois países.

Pois bem, as evidências que acabámos de citar de um efeito positivo do intercâmbio comercial entre países de destino e de origem da migração referem-se exclusivamente aos imigrantes regulares. É sensato presumir que esse efeito é bastante enfraquecido quando os migrantes se encontram na clandestinidade. Com efeito, para os clandestinos, é impossível gerir actividades de forma autónoma ou participar plenamente nos mercados formalizados dos países de acolhimento e, por isso, agarrar as oportunidades comerciais com o país de origem. Em suma, por causa deste tipo de considerações, a condição de clandestinidade depaupera de forma significativa o efeito de promoção do comércio bilateral, entre países de origem e de destino, que, ao invés, se poderia ter desenvolvido plenamente na presença de imigrantes regulares. Este também é um custo indirecto relevante das políticas restritivas geradoras de clandestinidade migratória.

Desta enumeração, não exaustiva, dos principais custos de clandestinidade para os países de destino destaca-se o facto de a adopção de políticas restritivas ter custos que podem ser muito elevados. Importa, portanto, ter presentes estes efeitos colaterais e avaliar os seus custos reais face aos benefícios que a colectividade espera alcançar adoptando unicamente políticas restritivas. Concluímos este capítulo com uma reflexão que coloca em questão o sucesso de uma efectiva redução dos migrantes através de políticas de encerramento de fronteiras.

5. O possível efeito *boomerang* das políticas restritivas

Há realmente a certeza de que as políticas migratórias restritivas implicam necessariamente uma redução do número de migrantes? A questão permanece aberta por uma série de motivos. A única certeza é a redução de migrantes «regulares». Embora a imposição de outros custos associados à política migratória aos já muitas vezes elevadíssimos custos da migração regular desencoraje seguramente um certo número de potenciais migrantes, poder-se-ia incorrer no efeito paradoxal de incitar a migrar os indivíduos que não o teriam feito na ausência de fortes restrições.

Vejamos a lógica deste nada teórico *efeito boomerang*. A migração de regresso é um acontecimento muito frequente. Segundo Reyes [1997], cerca de dois terços dos migrantes mexicanos nos EUA regressa à comunidade de origem. Na Europa registam-se resultados análogos. Na figura 3.3. estão representados os fluxos de entrada e de saída de migrantes nos anos 70 e 80 do século passado em alguns dos principais países de imigração à época. Os fluxos de saída, em larga medida migrações de regresso, são quantitativamente relevantes e, em alguns anos (geralmente anos de crise económica nos países de acolhimento) superam os fluxos de entrada. Na Alemanha, em particular, as migrações de regresso superaram as 500 000 em inúmeras ocasiões; dados que incluem um número elevado dos nossos conterrâneos. Os principais motivos que estão na origem da decisão de regresso podem ser vários: uma experiência migratória fracassada, o regresso no período após a vida activa (reforma), uma estratégia migratória circular (que prevê movimentos frequentes entre países de origem e de destino) ou o alcance de um objectivo de acumulação de poupanças. Esta última motivação é conhecida na literatura como teoria dos *target savers* (objectivo de poupar): muitas vezes a migração ocorre numa lógica de investimento familiar com a intenção de acumular um *target* de poupança que, uma vez alcançado, será empregue na pátria num determinado projecto de investimento (por exemplo, a compra de um novo terreno, de máquinas agrícolas, a abertura de uma actividade empresarial) ou de consumo (por exemplo, a compra de habitação).

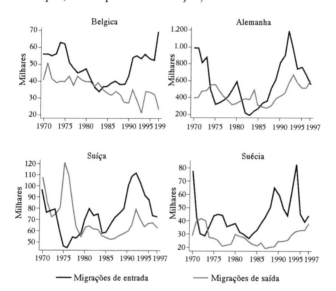

FIG. 3.3. Migrações de entrada e de saída (regressos) nos anos 70 e 80 em alguns países europeus (milhares).

Fonte: Dustmann [2000].

Na ausência de mercados financeiros desenvolvidos, a migração de um ou de alguns elementos do núcleo familiar é, muitas vezes, a única via de acesso a recursos financeiros para empregar nessas actividades. Esta teoria da migração temporária é confirmada por diversas análises empíricas [Reyes, 1997; Lindstrom 1996]. Tais evidências confirmam que é errado partir da hipótese de que a migração é, sempre e em todo o caso, entendida como uma decisão definitiva do indivíduo. Pelo contrário, a temporaneidade é dominante nos planos dos migrantes (como se deduz da análise apresentada no cap. 2). Viver longe da sua família e dos seus hábitos tem custos muito elevados ao longo do tempo que nós, italianos, agora pouco móveis mesmo no interior do nosso país, conhecemos muito bem.

Suponhamos, por um instante, a inexistência de barreiras ao movimento internacional de trabalhadores. Um núcleo familiar com uma estratégia de migração de *target saving* acharia óptimo enviar um indivíduo que no interior do núcleo tem mais hipóteses de acumular os recursos financeiros necessários à realização de um determinado projecto (por exemplo, a abertura de uma revendedora de sementes em vez de uma nova máquina agrícola). Muitas vezes quem parte é o indivíduo mais qualificado, empreendedor e brilhante, com maiores probabilidades de obter um bom emprego e «absorver» mais facilmente conhecimentos posteriormente aplicáveis no país de origem.

O que acontece à estratégia familiar se forem impostas fortes barreiras migratórias? Dada a impossibilidade de utilizar plenamente as suas capacidades e um mais baixo rendimento esperado do investimento familiar na migração, não basta a migração de um único indivíduo. Além disso, é precisamente por se ter em conta o peso do custo da clandestinidade sobre o rendimento das *skills* que é desvantajoso (ou indiferente), no interior da estratégia familiar, que vão para o estrangeiro os elementos mais qualificados (que, provavelmente, terão um rendimento relativamente maior no país de origem).

Em suma, dada a impossibilidade de migrar por vias legais poderia ser melhor, para o núcleo familiar no país de origem, a migração de mais elementos (provavelmente por períodos de tempo mais longos). A qualidade dos migrantes também poderia piorar em virtude da restrição.

Se os fluxos migratórios de entrada forem compostos por um elevado número de *target savers*, a mesma estratégia familiar multiplicada por um número considerável de famílias poderá dar resultados exactamente opostos aos esperados pelos governos de destino. O número de *target savers* num país de destino é, supostamente, elevado se grande parte dos fluxos forem gerados por países com um nível de desenvolvimento intermédio que estejam a passar por uma fase de elevado crescimento e se o custo da migração (mesmo como clandestino) não for particularmente proibitivo (por exemplo, em virtude da «porosidade das fronteiras» e da vizinhança geográfica entre os países de origem e de destino). No nosso país parecem coexistir todas essas condições. A taxa de crescimento médio do PIB real nos primeiros dez países de origem dos migrantes foi de 4,7% em 2005, um crescimento elevado que, se prolongado no tempo, tornará muito atraente, para muitos dos actuais migrantes, o regresso à pátria[30]. A nossa costa e fronteiras terrestres são relativamente fáceis de atravessar e grande parte dos países de origem dos migrantes, sobretudo os do Sudeste da Europa, gozam de relações de estreita proximidade geográfica com o nosso país.

Se e quando este *efeito boomerang* é efectivamente capaz de dominar o efeito de «desencorajamento» da migração associado a políticas restritivas é uma questão aberta à qual só posteriores investigações poderão dar resposta.

---

[30] Albânia, Marrocos, Roménia, China, Ucrânia, Filipinas, Tunísia, Sérvia e Montenegro, Macedónia e Equador.

CAPÍTULO IV
A fábrica de clandestinos: as políticas migratórias dos países de destino

> Rutschuk, no Baixo Danúbio, ... fica na Bulgária... [aí] vivem pessoas de origens muito diversas, num só dia podiam ouvir-se sete ou oito línguas. Além dos Búlgaros... havia muitos Turcos, ... Gregos, Albaneses, Arménios, ciganos... Romenos... [e] alguns Russos.
>
> Elias Canetti [1996, 14]

Neste capítulo propomo-nos, em primeiro lugar, fornecer um quadro de referência sobre o estado actual das políticas migratórias dos principais países de imigração. E, simultaneamente, dar conta de como essas, aos poucos, se foram tornando cada vez mais restritivas. Por conseguinte, não nos limitaremos a descrever a evolução dessas políticas, esforçar-nos-emos também por explicar os factores essenciais que determinaram tal evolução.

Continuando o caminho iniciado nos capítulos anteriores, o fio condutor que se desenrola ao longo do capítulo leva-nos a demonstrar a contradição fundamental entre as exigências da crescente globalização –

que requer também a plena mobilidade do factor trabalho e, portanto, migrações plenamente livres – e a realidade dos equilíbrios políticos nos países de destino que dão origem a políticas migratórias restritivas. Esta contradição explica por que é que as políticas migratórias parecem cada vez menos eficazes. Com efeito, por um lado, as políticas visam circunscrever os fluxos de imigrantes. Mas, por outro, os impulsos provenientes dos potenciais migrantes, assim como dos amplos segmentos das economias ricas que esses migrantes exigem, levam a contornar esses limites. Donde decorre que grande parte dos prováveis fluxos de imigrantes regulares não é barrada, mas sim transformada em fluxos de imigrantes irregulares. Concluindo, os objectivos *ex ante* das políticas restritivas fracassam regularmente e os seus efeitos *ex post* manifestam-se na imposição de custos mais elevados aos migrantes – assim como aos países que os acolhem e aos de proveniência – que chegarão, em todo o caso, como irregulares. A principal prova do fracasso das políticas migratórias restritivas é dada pelas recorrentes regularizações típicas que, como veremos, não se reduzem a Itália. Geralmente, dado o seu carácter imprevisível e irregular no tempo, as regularizações geram não só iniquidade entre as multidões de migrantes, como também uma autêntica ineficácia do ponto de vista económico. Acresce ainda que, a par das fiscais, as regularizações migratórias levam à regularização a curto prazo, mas de, forma geral, alimentam a irregularidade a médio e longo prazo. Tanto é que se pode instalar uma espiral nefasta entre fluxos de migrantes irregulares e regularizações. Uma vez que o livro versa sobre os custos económicos da irregularidade da imigração, este capítulo funciona como uma junção para considerar, nas conclusões, as possíveis alterações às políticas migratórias susceptíveis de reduzir esses custos. Obviamente que a sua redução implica, em primeiro lugar, adoptar fórmulas que limitem o fenómeno da imigração irregular, permitindo adaptar os fluxos migratórios às exigências da tutela dos países ricos. É oportuno adiantar desde já que não há panaceias. Todavia, uma vez reconhecidos os elevados (e generalizados) custos decorrentes da irregularidade dos imigrantes, é possível identificar meios que, com relativa facilidade, permitiriam abater significativamente esses custos, produzindo assim benefícios para os migrantes, bem como para os países de origem e para os países que os acolhem.

1. O quadro actual das políticas

Há décadas que as políticas migratórias dos principais países de destino estão a ir num sentido cada vez mais restritivo. Como já referimos, esta tendência está em aguda contradição com os ditames da globalização que, em linha de princípio, postula a plena mobilidade internacional não só das mercadorias mas também dos factores produtivos, incluindo o trabalho, cuja passagem entre países se chama migração. Isso é ainda mais evidente no que respeita à redução dos custos de transporte que, na ausência de barreiras legislativas, representam o principal custo (em termos económicos) da migração.

A orientação restritiva das políticas migratórias dos países ricos abrangeu todas as componentes do fenómeno. Por um lado, os países ricos tornaram os procedimentos de acolhimento cada vez mais difíceis para os estrangeiros requerentes de asilo. Por outro, tem vindo a ser reduzida a possibilidade de migrar segundo os procedimentos regulares.

Vejamos, em primeiro lugar, a evolução dos requerentes de asilo. As políticas dos requerentes de asilo baseiam-se na Convenção de Genebra de 1951. Há duas cláusulas de fundo: *i*) é definido como refugiado um indivíduo que (não tendo cometido crimes graves) se encontra fora do seu país de origem e impossibilitado (ou não tem intenção) de a ele regressar por motivos de «riscos bem fundamentados de perseguição»; *ii*) os refugiados não devem ser forçados a regressar a situações em que se encontravam sob ameaça de perseguição tal como é definida na Convenção (a chamada clausula de *non-refoulement*).

Do ponto de vista quantitativo, apesar da intensa instabilidade que caracterizou o panorama internacional nos últimos quinze anos, o número de pedidos de asilo reduziu-se a partir da segunda metade dos anos 90. Após salientar que os pedidos de asilo (aos milhares) na UE-15 (que abrange metade ou mesmo 4/5 dos pedidos totais para os países da OCDE) variaram entre 72,8 no quinquénio 1970-74, 233,7 em 1975-79, 540,2 em 1980-84, 1.102,3 em 1985-89, 2419,8 em 1990-94, e que baixaram para 1613,5 em 1995-99, Hatton [2003] mostra que essa redução é explicada, em grande medida, pela exacerbação das políticas de acolhimento no final dos anos 80 e que continuou ao longo da última década (fig. 4.1).

Com efeito, mesmo no âmbito do respeito pela Convenção de Genebra, os países da UE apertaram mais os limites de aceitação dos pedidos de asilo: em média, no quinquénio de 1995-99, com um número de despachos de 96,1% dos pedidos de asilo, só foi diferido um pedido em cada quatro (25,4%). Hatton demonstra que o endurecimento das políticas foi sobretudo ao nível dos procedimentos, por exemplo: *i*) foi negado o acesso a indivíduos sem visto adequado ou proibida a declaração do requerimento de asilo no interior de um aeroporto internacional; *ii*) deixaram de ser admitidos pedidos por parte de indivíduos provenientes de países em que não é evidente o uso de práticas persecutórias; *iii*) aceleraram-se os procedimentos de expulsão, através também da estipulação de acordos bilaterais de readmissão com os países de proveniência dos migrantes irregulares; *iv)* criaram-se Centros de Instalação Provisória para os imigrantes irregulares.

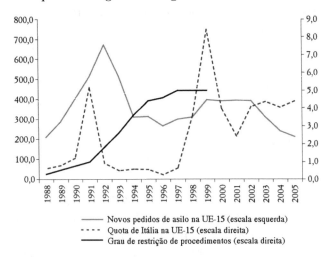

FIG. 4.1. Evolução dos pedidos de asilo político em Itália e na Europa (milhares) e grau de restrição dos procedimentos.

Fonte: Unher [anos vários] e Hatton [2003].

Na UE, mas não só, a dinâmica dos novos pedidos de asilo também foi negativa no primeiro quinquénio do novo milénio: depois de terem ascendido a 400 000 entre 1999 e 2002, desceram no triénio seguinte até chegarem aos 200 000 em 2005 (fig. 4.1) e no primeiro semestre de 2006 regista-se uma outra contracção de cerca de 20%. Portanto, até ao momento, não se registaram os temidos efeitos da crescente instabilidade no quadro do Médio Oriente precisamente por causa do endurecimento das políticas de acolhimento em vários países: por exemplo, na Dinamarca [Stenum, 2005], França [Kretzschmar, 2005] e Holanda [Marinelli, 2005].

Mas qual é a situação de Itália? O nosso país não é, certamente, um exemplo em termos de eficiência a dar reposta aos requerentes de asilo: entre 1995 e 1999, só foram despachados 20,1% dos pedidos recebidos. E a Itália é a lanterna vermelha da UE também no que respeita às estatísticas: segundo a ACNUR [2006], a Itália é o único grande país industrializado que não dispõe de dados mensais sobre o fenómeno dos requerentes de asilo. Posto isto, podemos, no entanto, observar, com base nos dados anuais, que o peso da Itália no interior da UE, em termos de aceitação de requerentes de asilo, é bastante limitado: depois de oscilar à volta de 1% entre 1988 e 1997, nota-se um certo crescimento que eleva a quota de Itália para os 4% (fig. 4.1). Importa ainda salientar que a quota de Itália sofreu fortes aumentos, em 1991 e em 1999, em concomitância com a primeira crise na Albânia e com a guerra do Kosovo. No período entre 1992-2001, no interior da UE, o fluxo médio anual de pedidos de asilo por 1000 habitantes foi mínimo em Itália (0,15), em Portugal (0,06), e máximo na Suécia (2,57) [ACNUR, anos vários]. Entre os países comunitários maiores, o valor de Itália compara-se com os 1,94 para a Alemanha, os 0,97 para o Reino

Unido, e os 0,48 para a França. Para a explicação dos contidos fluxos de requerentes de asilo em Itália contribuem também dois factores que foram identificados como sendo importantes na orientação da escolha do país onde fazer o pedido de asilo [Middleton, 2005]: o limitado passado colonial e o fraco efeito de rede social, dado que, até recentemente, a população de imigrantes no nosso país era baixa.

Passemos então à descrição das características evidentes das políticas migratórias em alguns dos principais países. Como adiantámos, a nossa leitura também visa demonstrar que as políticas migratórias se tornaram mais restritivas.

O país com história e tradição imigratória mais profunda são provavelmente os EUA. O *stock* de habitantes nascido no estrangeiro está estimado entre os 11,1% da população estado-unidense e – em virtude de factores demográficos e da taxa de participação mais elevada dos migrantes – os 13,9% da força de trabalho total. Os migrantes regulares permanentes chegam aos EUA dotados de *green card* e, após cinco anos, podem dar início ao processo para se tornarem cidadãos estado-unidenses. O *green card* adquire-se através de quatro canais, cuja influência relativa nos fluxos de 2002 reportamos em seguida: reagrupamentos familiares patrocinados por outros indivíduos que já possuem o *green card*, ou por cidadãos dos EUA (63%); posse de qualificações para emprego (16%); diversificação de nacionalidades, vistos concedidos a residentes de países que nos últimos anos não têm enviado vastos fluxos de migrantes para os EUA (8%); refugiados e requerentes de asilo (12%). Está amplamente provado [Lowell, 2005] que os imigrantes por razões de emprego são mais qualificados do que os outros e há já algum tempo que se debate a possibilidade de ampliar esta fonte de imigrantes em detrimento daquela de reagrupamentos familiares.

É de opinião geral que a política migratória mais recente dos EUA é, por certos aspectos, desastrosa, nomeadamente pelas dimensões que atingiu a imigração ilegal e a consequente presença generalizada de imigrantes não autorizados, que representam uma parte crescente da população imigrante. Estimativas recentes quantificam os imigrantes irregulares em 11,5-12 milhões, quase um terço da população nascida no estrangeiro e pouco menos de 4% do total da população estado-unidense [Passel 2006]. Abraham e Hamilton [2006] observam que, para um país como os EUA baseado no Direito, este nível de imigração ilegal é inaceitável gerando: *i*) insegurança nas fronteiras; *ii*) custos económicos e fiscais; *iii*) o risco de dar origem a um subproletariado isolado; *iv*) tensões culturais; *v*) uma erosão da população que tradicionalmente sustenta a imigração. Na linha da nossa orientação, Abraham e Hamilton argumentam de forma convincente que as molas da imigração geram uma procura de imigrantes que excede de longe a capacidade de resposta do presente sistema migratório em virtude dos procedimentos excessivamente complexos, das irracionais morosidades e das inflexíveis normas legislativas que limitam artificialmente os fluxos de imigrantes regulares nos EUA. O debate sobre o futuro da política migratória nos EUA é quente. Entre as várias propostas na mesa mencionaremos apenas uma, à qual voltaremos mais pormenorizadamente nas conclusões: a possibilidade de recorrer em maior medida a vistos de migração temporária do que no passado, que não dariam lugar aos habituais direitos de residência permanente e à cidadania. Por agora, devemos registar que os vistos temporários parecem adequados para satisfazer as exigências a curto prazo do mercado de trabalhadores qualificados – e isto vale tanto para os EUA como para os países ricos – mas inadequados para fazer face às exigências dos trabalhadores não qualificados, na medida em que estas parecem ser de natureza permanente. Por último, um aspecto particular da imigração ilegal nos EUA diz respeito à pressão exercida na fronteira do sul (cf. quadro 4.1).

O outro país norte-americano com uma longa e profunda tradição de imigração é o Canadá, onde a percentagem de imigrantes da população residente atinge os 18%.

QUADRO 4.1.

Os imigrantes ilegais e a fronteira EUA-México

A questão dos imigrantes ilegais é um tema crucial do debate político estado-unidense e tornou-se ainda mais crucial depois dos acontecimentos de Setembro de 2001. Um aspecto específico dos imigrantes irregulares diz respeito ao facto de a sua presença em solo americano pôr em causa a capacidade do país defender a segurança das suas fronteiras. É a fronteira do sul, em particular, que é atravessada ilegalmente. Com efeito, estima-se que quase 60% dos que residem nos EUA sem visto sejam Mexicanos, aos quais se acrescentam outros 25% provenientes de outros países da América Latina. Nos últimos cinquenta anos tomaram-se várias medidas para impedir esta forma de imigração irregular.

Mas está aos olhos de todos que estas medidas obtiveram escassos resultados. Já em 1954, a Operação Wetback (*wetback*, literalmente «traseiro molhado», é uma denominação pejorativa para os imigrantes mexicanos ilegais que atravessam, às vezes a nado, o Rio Grande para chegar aos EUA) determinou a deportação de mais de um milhão de mexicanos e de cidadãos estado-unidenses de origem mexicana (incluindo os familiares dos ilegais). Outras medidas posteriores, como a Operação Gatekeeper, adoptadas na zona de fronteira próxima de San Diego, em 1994, induziram simplesmente os imigrantes irregulares a tentar atravessar as fronteiras em zonas mais perigosas, distantes do troço ocidental mais intensamente vigiado. Em anos recentes, as medidas de reforço do controlo de fronteiras foram estendidas a vastas zonas fronteiriças. Em certas zonas, fez com que se aumentassem as barreiras, incluindo as muralhas de cimento com quatro metros de altura rodeadas de arame farpado, holofotes e câmaras de vídeo. Tais fortificações ainda não se estenderam à zona de fronteira desértica do Arizona, o que levou muitos potenciais imigrantes a procurar atravessar a fronteira desses terrenos extremamente inóspitos. Estima-se que, em 2004, tenham morrido 221 pessoas no deserto do Arizona ao tentarem atravessar a fronteira. Enquanto o debate político continua aceso sobre se e como regularizar a situação de cerca de 12 milhões de irregulares, uma lei aprovada em Maio de 2006 institui mais um reforço das barreiras na fronteira EUA-México.

■

Há duas razões principais pelas quais o país continua a atrair imigrantes: a tendência para o declínio demográfico e as necessidades do mercado de trabalho [Sweetman 2005]. O fenómeno dos imigrantes ilegais não é inexistente, mas é definitivamente mais contido em relação aos EUA; segundo estimativas não oficiais os ilegais deveriam ser entre 100 000 a 200 000 [Jimenez, 2003].

Na Europa, as quotas de imigrantes admitidos também são geralmente insuficientes e é o principal factor que está na origem do crescente número de imigrantes ilegais, estimados em, pelo menos, 3 milhões [Niessen e Schibel 2005ª].

A Áustria, com uma quota de residentes nascidos no estrangeiro de cerca de 12%, é um dos países europeus com maior densidade migratória. Porém, não há estimativas credíveis sobre o *stock* de imigrantes irregulares[1].

Em virtude das tradições coloniais e do elevado grau de abertura económica, a Holanda é um dos países europeus com máxima presença de imigrantes, que representam 18,4% dos residentes. A pressão exercida pelo fenómeno fez com que, em anos recentes, abandonasse as políticas de abertura e aceitação multiétnica do passado a favor de uma orientação mais restritiva e integracionista [Marinelli 2005]. A prática da imigração ilegal assume uma certa relevância – segundo estimativas de 2004, a população de clandestinos estaria entre 125 000 e 230 000 indivíduos – tanto é que, recentemente, as autoridades preocuparam-se em agravar as multas para o emprego de imigrantes irregulares.

Dada a sua localização geográfica ser próxima da zona de intensa instabilidade nos Balcãs, a Grécia também tem uma quota significativa de imigrantes, na

---

[1] Estimativas entre 100 000 e 500 000 irregulares (ou seja, entre 1,3 e 6,3% da população residente) foram mandadas circular por expoentes do Partido da Liberdade, mas não parecem credíveis, uma vez que são fruto exclusivo da campanha eleitoral.

ordem dos 10% dos residentes [Avramopoulou, Karakatsanis e Pavlou 2005]. O fenómeno da imigração clandestina tem dimensões bastante consideráveis a ponto de exigir o recurso frequente a regularizações nos últimos anos. Utilizando os dados da última regularização, em 2001, estima-se que os imigrantes regulares sejam cerca de 370 000 (3,4% da população grega).

No que respeita aos principais países europeus, em França estima-se que a população nascida no estrangeiro seja de 5,6% do total dos residentes e 6% da força de trabalho. O fenómeno migratório em França é de longa data também devido à história colonial do país. A par de muitos outros países europeus, a política migratória francesa está centrada num sistema de quotas predeterminadas. E – ainda que não sejam referidas estimativas precisas do fenómeno – a presença de imigrantes tem igualmente uma certa relevância [Kretzschmar 2005]. Atestam-no as regularizações efectuadas assim como o endurecimento da lei que, várias vezes, procurou desencorajar a chegada de imigrantes irregulares. A esse respeito, a França está dotada, desde 1975, de um Departamento de Estado para os trabalhadores imigrantes com o objectivo de controlar os fluxos migratórios motivados por razões de emprego e por reagrupamentos familiares. Remonta a 1980 a primeira lei (lei Bonet) que visa prevenir a imigração ilegal prevendo, entre outras coisas, a detenção sem processo dos estrangeiros em vias de serem deportados. Pouco depois, uma lei de 1981 (lei Questiaux) regulamenta o direito de asilo e o encerramento de fronteiras aos novos imigrantes, enquanto em 1984, é instituída a autorização de permanência e de trabalho com a duração de dez anos. O ministro Pasqua é o protagonista da nova fase de endurecimento entre meados dos anos 80 e o início dos anos 90: em 1986, a lei Pasqua aperta os requisitos para o acesso dos estrangeiros a França – aumentando também os casos de negação de visto – e acelera os procedimentos de deportação; duas outras medidas de 1993 (ainda sob o nome de lei Pasqua) têm como objectivo a «imigração zero» e intensificam a luta contra a imigração ilegal. Os requisitos para obter o certificado de acolhimento são posteriormente alargados pela lei Debbré de 1997, que torna ainda mais fácil a expulsão. Por último, no fim de 2003, as leis Sarkozy e Villepin apertam ainda mais os requisitos para a entrada dos imigrantes, unificam os procedimentos para os pedidos de asilo e anulam o segundo grau de jurisdição para os estrangeiros que infrinjam a lei. Não há estimativas disponíveis sobre os imigrantes ilegais.

Na Alemanha, a quota de imigrantes está estimada em 8,1% da população residente e em 8,8 da força de trabalho. Não há dados precisos disponíveis sobre a presença de imigrantes ilegais, mas as estimativas que circulam apontam para 500 000 a um milhão de indivíduos. Em 2004, a Alemanha introduziu duas leis que visavam dissuadir a imigração ilegal [Cyrus e Vogel,

2005]. Uma primeira lei desencoraja o emprego ilegal de trabalhadores estrangeiros, prevendo sanções para os dadores de trabalho infractores. Uma segunda lei define, pela primeira vez na legislação alemã, o «tráfico de seres humanos com objectivo de exploração do trabalho», configurando-o como crime e prevendo seis meses a dez anos de prisão para os traficantes.

O Reino Unido tem um número de imigrantes bastante vasto: a população nascida no estrangeiro ascende a 8,3% dos residentes, o que também é produto do passado colonial, uma vez que até 1962 os indivíduos com passaporte de países pertencentes à Commonwealth tinham livre acesso ao Reino Unido. Mais tarde, o *Immigration Act* de 1971 estabelecia limites aos reagrupamentos familiares mas, ao mesmo tempo, favorecia a migração «branca», ao passo que o *British Nationality Act* de 1981 visava restringir posteriormente a imigração, limitando o direito de residência apenas aos cidadãos britânicos. O fenómeno migratório intensificou-se na década passada em virtude do elevado crescimento económico e das tensões no mercado de trabalho britânico. Nesse contexto, acompanhado por crescentes inquietações da opinião pública, tomaram-se iniciativas legislativas com o intuito de melhorar a gestão do fenómeno migratório. Desde 1993 que se introduziram cinco alterações principais (em 1993, 1996, 1999, 2002 e 2004) relativamente aos imigrantes e, sobretudo, aos requerentes de asilo. Em 2005, depois de apaziguar as preocupações da opinião pública, o governo publicou uma estratégia quinquenal com um título significativo, «Controlar as nossas fronteiras: pôr a imigração ao serviço do Reino Unido». Não obstante o endurecimento legislativo, embora menos intenso do que em outros países, a presença de imigrantes irregulares não é desprezível: estimativas não oficiais situam-na em 500 000, ou seja, 0,8% da população residente [Sriskandarajah e Hopwood Road 2005].

Em Itália, a questão dos imigrantes irregulares é antiga e foi tradicionalmente enfrentada com uma legislação de emergência baseada nas recorrentes regularizações [Ammendola *et al.* 2005]. Como é sabido, as várias intervenções legislativas que se sucederam ao longo do tempo faziam acompanhar uma regularização por um endurecimento de políticas para o futuro. Remetendo as regularizações para um pouco mais tarde, vale a pena observar que a tendência italiana para a imigração irregular está, pelo menos em parte, associada à extraordinária generalização da economia paralela no nosso país [Reyneri, 2003]. Parece estar em linha com esta hipótese a estimativa de que – apesar da passagem da orientação «integracionista» da lei Turco-Napolitano de 1998 para a orientação de imigração temporária «contratualizada» da lei Bossi-Fini de 2002, acompanhada pela megarregularização de cerca de 600 000 imigrantes –, em 2006, a Itália irá ter um outro *stock* de quase meio milhão de imigrantes ilegais.

Além da impreparação para enfrentar as questões da imigração típica de um país com longa tradição de emigração – nisso semelhante aos outros países mediterrânicos da UE –, a Itália, em virtude da sua posição geográfica no centro do Mediterrâneo, mais do que destino em si, é o principal país de trânsito dos imigrantes clandestinos que vão para outros países. O fenómeno dos desembarques de clandestinos intensifica-se entre Maio e Outubro, em concomitância com condições climáticas mais favoráveis. A Itália enfrentou situações de emergência geradas pelo fenómeno com uma multiplicidade de intervenções. Em primeiro lugar, sobretudo a partir de meados dos anos 90, foi potenciada a acção de luta através de patrulhas conduzidas pela Marinha, pela Guarda Costeira e por outros núcleos especializados. Em segundo lugar, para a gestão dos ilegais, a Itália dotou-se desde o início dos anos 90 de uma infra-estrutura de Centros de Instalação Provisória. Em terceiro lugar, o nosso país empenhou-se em estabelecer acordos bilaterais para combater a imigração ilegal com quase todos os países de proveniência e/ou de último trânsito: acções que se concretizam, geralmente, em cooperações entre patrulhas contra os traficantes, assim como em acordos de readmissão dos ilegais (cap. 2, ponto1).

2. Imigração ilegal e regularizações

Vimos que – na linha da nossa tese da existência de uma desarticulação entre as exigências de imigração livre das forças da globalização e a orientação cada vez mais restritiva das políticas migratórias dos países ricos – o problema da imigração ilegal se coloca em todos os países de destino considerados. Para fazer face a esse problema, utilizaram-se, conjuntamente com outros instrumentos, as regularizações *ex post*. Na verdade, nem todos os países ricos se socorreram deste instrumento e, dos que o usaram, nem todos recorreram a ele com a mesma intensidade. Mas visto que, seja como for, as regularizações são um dos principais instrumentos empregues para gerir o *stock* de imigrantes ilegais, é oportuno aprofundar esta matéria. A maior parte do que se segue foi retirada da análise exaustiva de Levinson [2005].

Entre todos os instrumentos usados para governar a imigração irregular, os programas de regularização são os mais controversos e os que suscitaram um debate mais aceso. Os opositores sustentam que as regularizações são um prémio para quem infringe a lei e que estimulam novos fluxos de imigração irregular. Os que são a favor, ao invés, salientam que através das regularizações aumentam-se as entradas fiscais, favorece-se a integração dos imigrantes, despotencia-se a economia paralela e criam-se condições realistas para a futura luta contra a imigração ilegal.

Em sentido lato, os programas de regularizações dão oportunidade aos imigrantes ilegais presentes no país de se regularizarem numa determinada data preestabelecida. Há geralmente dois tipos de programas. Por um lado, as regularizações de facto realizam-se com base contínua e conferem automaticamente a residência permanente aos imigrantes que provem ter vivido no país um certo número de anos (por exemplo, 14 anos seguidos no caso do Reino Unido). Por outro lado, a maior parte das regularizações são programas *ad hoc*, cuja repetição não está prevista ao longo do tempo. Esses dirigem-se a populações de imigrantes ilegais que satisfazem certos requisitos de residência e de emprego, e apresentam prazos precisos para os pedidos de regularização. Desde 1980, os EUA e oito países da UE lançaram 22 programas *ad hoc*, que vão desde a residência temporária à permanente (tab. 4.1).

Os programas de regularização diferem de país para país, quer nas modalidades operativas, quer nos requisitos de acesso aos mesmos. Em geral, entre os países europeus, os do Norte são os menos propensos a efectuar regularizações, ao passo que o instrumento é amplamente utilizado pelos países europeus do Sul. Facto que decorre também da relativa novidade do fenómeno imigratório para estes países que eram, tradicionalmente, países de emigração. Nos EUA, o lento mas progressivo aumento do *stock* de imigrantes irregulares a partir dos anos 60 – em grande parte do México

– intensifica-se a partir dos anos 80, impulsionado pela guerra na América Central e pelas crises económicas no resto da América latina. A *Immigration Reform and Control Act* (IRCA) de 1986 procura combater a imigração ilegal introduzindo sanções para os dadores de trabalho, aumentando os fundos para a luta na fronteira e, simultaneamente, dando lugar a uma regularização a dois níveis que legaliza de forma permanente 2,8 milhões de imigrantes ilegais. O consenso político em relação à operação é assegurado pela con-

TAB. 4.2. *Comparação dos programas de regularização na Europa e nos EUA*

Programas	Requisitos
1986 *Immigration Reform and Control Act* (IRCA) e respectivos procedimentos de regularização	EUA • Residência continuada nos EUA antes de 1/1/1982
1986 *Special Agricultural Workers*	• Residência nos EUA e emprego agrícola durante 90 dias antes de 1/5/86
1998 *Domestic Worker Regularization Programme*	REINO UNIDO • Residência continuada no país antes de 1/1/1982 • Entrada antes de 23/7/1998 • Passaporte válido

Programas	Requisitos
	• Emprego habitual como trabalhador doméstico • Prova da capacidade de autosustento
	GRÉCIA
1998 Carta branca	• Presença na Grécia desde 27/11/97
Carta verde (decretos presidenciais 358/1997; 359/1997)	• Carta branca • Emprego legal desde 1/1/1998 • Emprego por 40 dias com o salário mínimo e o pagamento das contribuições para a segurança social
2001 Programa de regularização	• Prova de situação legal ou de residência continuada no país por um ano
	ITÁLIA
1986 Programa de regularização	• Dador de trabalho responsável • Presença em Itália antes de 27/1/1987
1990 Lei Martelli e programa de regularização	• Trabalhadores e estudantes presentes antes de 31/12/1989
1995 Decreto governativo	• Residência em Itália • Empregado durante os últimos seis meses ou na posse de oferta de um dador de trabalho
1998 Lei sobre a imigração	• Pagamento de três meses de contribuições para a segurança social

Programas	Requisitos
2002 Lei Bossi-Fini	• Presença no país antes de 27/3/1998 • Prova de disponibilidade de habitação • Pagamento dos impostos sobre o salário por parte do dador de trabalho • Prova de três meses de pagamentos contributivos • Prova de emprego continuado
1981-82 Ordem ministerial seguida de outras ordens e decretos 1997-98 Leis Chevenement e programa de regularização	FRANÇA • Presença antes de 1/1/81 • Prova de emprego estável ou contrato de trabalho • Residência continuada em França durante sete anos e verdadeiros laços familiares e cinco anos de residência em França
1985 Lei sobre direitos e liberdades dos estrangeiros	ESPANHA • Presença no país antes de 24/7/1985 • Possuir uma oferta de emprego 1991 • Residência e emprego em Espanha desde 15/5/1991 • Requerentes de asilo cujo pedido foi recusado ou está a ser examinado

Programas	Requisitos
1996 Decreto real	• Emprego no país desde 1/1/1996, ou • Autorização de trabalho ou de residência emitida após Maio de 1996, ou • Membro da família de um imigrante presente em Espanha antes de Janeiro de 1996
2000 Lei sobre a imigração	• Residência antes de 1/6/1999 • Autorização de trabalho ou de residência nos três anos anteriores, ou • Pedido de emprego ou autorização de residência
2001	• Presença em Espanha antes de 23/01/2001 • Prova de participação no mercado de trabalho, laços familiares com um cidadão espanhol ou residente estrangeiro, nenhuma condenação penal
2005 Decreto 2393/2004	Para os empregadores: • Demonstração de inscrição e pagamento das contribuições para a Segurança Social • Prova de que não infringiram as leis sobre Imigração nos 12 meses anteriores • Prova de que não sofreram sanções por terem violado os direitos dos trabalhadores ou dos imigrantes

Programas	Requisitos
	Para os imigrantes: • Prova de inscrição num município local em Espanha antes de 7/8/2004 e presença em Espanha à data do pedido. • Prova de contrato de trabalho • Nenhuma condenação penal
1992-93 1996 Decreto lei 4/2001	PORTUGAL • Aberto a trabalhadores e não trabalhadores presentes no país antes de 15/5/1992 • Prova de emprego em actividade profissional • Capacidade de base de falar português • Habitação • Nenhuma condenação penal • Presença no país • Autorização de trabalho válida
2000 Programa *ad hoc* de regularização	BÉLGICA • Presença na Bélgica antes de 1/10/1999 • Possuir um pedido de asilo suspenso há muito tempo, ou • Impossibilidade de regresso ao país de origem por razões humanitárias • Doença grave • Ter vivido no país por 6 anos

Programas	Requisitos
2001 Programa *ad hoc* de regularização	LUXEMBURGO • Presença no país antes de 1/7/1998, ou • Emprego ilegal antes de 1/1/2000, ou • Caso seja refugiado, ter chegado antes de 1/1/2000

Fonte: Levinson [2005]

vicção do legislador e da opinião pública de que esta medida *ad hoc* limita o futuro fluxo de imigrantes ilegais.

A sustentarem as regularizações estão alguns supostos benefícios. Na vertente social, a regularização pode melhorar as condições de vida dos imigrantes, reduzindo o seu desconforto e a sua exploração. Este tipo de considerações parecem estar presentes nas regularizações de França, Luxemburgo, Bélgica e Reino Unido, programas definidos em reposta a protestos de massa ou pressões de grupos de interesse. Na vertente económica, quando os imigrantes trabalham irregularmente, quer na economia paralela, quer em actividades formalizadas, é difícil, para as autoridades, compreender e regular o mercado de trabalho, bem como exigir os pagamentos contributivos e fiscais. Opiniões do género fizeram-se ouvir no debate anterior às regularizações na Grécia, nos EUA, em Itália, Espanha, Portugal e

França. Mas também pode haver benefícios em termos de política externa. Por exemplo, como pré-requisito ao acesso à UE em 1986, Portugal comprometeu-se a gerir a sua população de imigrantes ilegais através de programas de regularização. Em suma, os programas de regularização colocam à disposição informações sobre as características demográficas dos migrantes e sobre a sua participação no mercado de trabalho, informações essas que se podem revelar preciosas no combate aos futuros fluxos de imigrantes ilegais. Estes elementos foram importantes para a definição das políticas dos EUA pós-IRCA.

Um dos aspectos controversos dos programas de regularização é quem é que dele pode usufruir. De forma geral, os programas não abrangem todos os imigrantes ilegais, só os que residiram ou trabalharam no país durante um determinado período. O primeiro passo consiste em definir a data em que o imigrante irregular deve provar a sua residência no país. Outros requisitos podem dizer respeito à demonstração de emprego, ao conhecimento da língua local, à existência de um dador de trabalho que o acolha, ao pagamento das contribuições à segurança social, à existência de laços familiares com um cidadão, ao registo criminal. E o período de admissão de pedidos varia de caso para caso: nos EUA, o IRCA concedia um ano para a regularização; na Europa concedeu-se um prazo entre três a nove meses (tab. 4.2).

Mas no debate sobre as regularizações também são salientados os seus custos e os seus aspectos negativos. Segundo vários representantes políticos, a regularização dos imigrantes quase que premeia os comportamentos criminosos, prefigura o aumento dos ónus sociais – em particular no sistema de saúde e de educação – e reduz os salários nos segmentos de baixa qualificação. As questões associadas à segurança nacional – em especial, aquelas ligadas às ameaças de terrorismo – também se juntaram à aljava dos detractores das regularizações. Todavia, o principal argumento contra as regularizações é o facto de encorajarem a vinda de outros fluxos de imigração ilegal no futuro. Por exemplo, quase todos os estudos que analisaram o impacto do IRCA, em termos de evolução sucessiva dos fluxos ilegais – talvez com a única excepção de Orrenius e Zavodny [2001] –, verificam que essa regularização não reduziu, muito pelo contrário, aumentou os fluxos de imigrantes ilegais, sobretudo através dos laços étnicos e familiares.

Com efeito, essas indicações parecem ser posteriormente confirmadas pelos onze países da OCDE, para os quais foi possível encontrar uma estimativa credível do *stock* de imigrantes irregulares – Austrália, Bélgica, Grécia, Japão, Itália, Holanda, Reino Unido, Portugal, Reino Unido, Espanha, Suíça e EUA – e, portanto, calcular a sua incidência em relação à população residente (veja-se a tab. 1.1). Como mostra a figura 4.2, a incidência média para os cinco países – Grécia, Itália, Espanha, Portugal e EUA – que recorreram de forma extensiva a regularizações[2] é de 2,3%, valor que é mais do triplo observado na média dos outros seis países (0,7%), que, ao invés, não utilizaram as regularizações (de forma significativa).

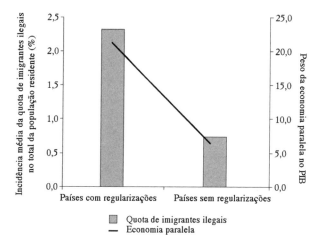

FIG. 4.2. Imigração clandestina e economia paralela: duas faces da mesma medalha.

Fonte: Elaboração nossa com base nos dados de Levinson [2005] e Schneider [2005].

---

[2] Excluíram-se da lista dos países com regularizações, a Bélgica e o Reino Unido porque, como vimos na tabela 4.1, o valor das suas regularizações foi completamente insignificante.

A maior parte das regularizações foi afectada por carências nas fases de planificação e realização, entre as quais destacamos as seguintes: o regresso frequente dos imigrantes ao estatuto de ilegais uma vez expirada a duração da autorização de permanência obtida com a regularização, criando assim pressões para outras regularizações no futuro; impreparação das estruturas administrativas escolhidas para o efeito, dando origem a longas demoras no despacho dos processos de regularização e, dessa forma, desvalorizando os seus efeitos positivos; grau de publicidade (nas comunidades de imigrantes) às vezes insuficiente, reduzindo a taxa de participação na regularização; requisitos de admissão demasiado apertados e, como consequência, tendência à falsificação de documentos.

Além disso, se o objectivo explícito das regularizações era – como nos casos da França, Grécia e Espanha – o de reduzir a dimensão da economia paralela, vários estudos mostram que os programas de regularização podem, ao invés, fazer aumentar o sector do emprego informal. Tal aconteceria por vários motivos: indisponibilidade dos dadores de trabalho para pagar salários mais altos do que no passado a imigrantes regularizados; elevada procura de trabalho irregular; impacto das redes de migrantes que favorecem a perpetuação do trabalho ilegal. A persistência de amplos e prósperos segmentos da economia paralela, especialmente no sul da Europa, indica que não é fácil resolver essa questão a partir das regularizações dos imigrantes irregulares.

E, com efeito, apoiando-nos nas estimativas sobre a percentagem da economia paralela em relação ao PIB propostas por Schneider [2005], nos cinco países da OCDE acima mencionados com regularizações, verificamos um valor médio definitivamente mais elevado da economia paralela (21,2%) em relação ao que se observou, em média, para os outros seis países da OCDE sem regularizações (13,3%) (ainda na fig. 4.2). O que parece ir de encontro à existência de uma ligação perversa entre a incidência da economia paralela e o recurso à imigração ilegal, em que se poderia estabelecer uma relação de causalidade entre as exigências da economia paralela e o recurso a imigrantes irregulares, e não tanto o inverso.

Parece vir à luz, essencialmente, uma certa disparidade de comportamentos entre as práticas predominantes no sul da Europa – com frequentes regularizações [para Itália veja-se Barbagli, Colombo e Sciortino 2004] massivas e baseadas em autorizações temporárias de permanência – e as do modelo franco-americano – em que as regularizações são raras e baseadas no reconhecimento da residência permanente dos imigrantes irregulares aceites nos programas de regularização. Importa também observar que, mesmo quando se recorre frequentemente a elas, as regularizações são um instrumento de recurso extraordinário, usado apenas após as outras vias de gestão do fenómeno da imigração ilegal se terem revelado infrutíferas. Não obstante, convém reiterar que as regularizações podem trazer benefícios – desde que os países as usem de forma apropriada, como instrumento pontual – na gestão de situações excepcionais, adoptando em paralelo novas políticas migratórias que não sejam susceptíveis de originar novos fluxos de imigrantes irregulares e, sobretudo, encontrando um modo de desactivar as expectativas geradas por extrapolação que levam os indivíduos envolvidos – migrantes e dadores de trabalho – a predizer novas regularizações futuras com base nas presentes.

CONCLUSÕES
Quais as políticas migratórias para o futuro?

Os homens constroem demasiados muros e poucas pontes.

Isaac Newton

Como gerir os fluxos de imigrantes? Não existem fórmulas fáceis, a política migratória é, inevitavelmente, um instrumento complexo dadas as múltiplas exigências e objectivos que deve contemplar: em particular, assegurar flexibilidade e competitividade no mercado de trabalho; compensar os que, em virtude da concorrência no mercado de trabalho acentuada pela migração, sofrem efeitos negativos (trabalhadores autóctones e, às vezes, trabalhadores já presentes no território); garantir o direito dos migrantes e das suas famílias a uma vida digna; manter a ordem pública e a segurança interna; assegurar uma integração pacífica respeitando a cultura dos autóctones e a dos imigrantes; fazer de modo a que a fuga de cérebros assim como a de braços, em vez de ser vista pelos países de origem como uma nítida perda, seja entendida como uma oportunidade de desenvolvimento.

A única certeza é a urgência de uma reforma da política migratória corrente, na medida em que, como se demonstrou várias vezes ao longo deste estudo, é demasiado cara para todos os *stakeholders* e ineficaz. As actuais políticas, em vez de governarem da melhor forma o fenómeno migratório, geram imigração clandestina, produzem distorções qualitativas nos fluxos e reduzem fortemente o potencial de desenvolvimento ínsito nas migrações. As políticas restritivas, como pusemos em evidência, não são particularmente uma boa resposta à actual exigência dos cidadãos dos países avançados de se conter os fluxos migratórios (cap. 4). Tal sucede, pelo menos, por três motivos.

In primis, porque as migrações são um recurso fundamental para os países que os recebem. A desconfiança dos autóctones, especialmente em relação à imigração clandestina, deriva, em grande parte, do escasso conhecimento do fenómeno. Esperamos ter contribuído para a eliminação de algumas sombras e, por conseguinte, para a erradicação de algumas inquietações e receios que dominam o debate. Gian Antonio Stella [2003] já havia realizado uma tarefa magistral, a de recordar aos italianos que muitos dos seus avôs foram alvo dessa suspeita, geralmente infundada, que agora os netos canalizam para estes desconhecidos que chegam ao País das Oportunidades com as melhores intenções de tirar proveito dele, mas contribuindo também para o seu funcionamento. Em vez de se olhar no espelho da história, a nossa abordagem consistiu em pintar um rosto e um corpo aos «invisíveis» e em descrever as suas motivações e expectativas. O método da análise económica, embora distante das práticas de qualquer atelier, permitiu-nos fornecer características importantes. Os nossos imigrantes, de um modo geral, vêm como clandestinos porque não têm outra escolha. Porém, chegam a Itália com as mesmas motivações do que os que chegam por vias regulares: têm uma atitude positiva em relação ao país que os acolhe; disponibilizam-se a trabalhar em profissões tipicamente complementares (e não-substitutas) às ambicionadas pelos nativos; pretendem geralmente regressar ao país de origem após terem ganho durante algum tempo o salário de um país rico; levam consigo um nível de capital humano não desprezível em relação ao grau de instrução e qualificações profissionais anteriores. A nossa análise económica permitiu-nos ainda confirmar que os clandestinos não vêm para Itália sem motivo, pois são atraídos por várias exigências e, em particular, entram em simbiose com a economia paralela, cuja dimensão é patológica no nosso país. Esperemos que o nosso fresco contribua para dissipar as inquietações em relação aos imigrantes. Isto é particularmente importante nas vésperas do que se perspectiva ser uma inevitável revisão da lei vigente.

Em segundo lugar, as políticas restritivas estão votadas à ineficácia porque a imigração é parte fundamental do fenómeno explosivo da globalização. Não é fácil nadar contra-corrente, ou seja, nenhum país rico, como vimos, pode racionalmente dar-se ao luxo de dispensar os imigrantes.

Por fim, as políticas restritivas geram custos elevados que se devem ter em conta. Na verdade, o contributo mais original deste livro foi exactamente neste ponto. A clandestinidade dos imigrantes não é um jogo com resultado nulo, mas sim negativo, na medida em que gera uma nítida perda para todos os actores envolvidos. Quem sofre uma perda mais acentuada são naturalmente os clandestinos, que se sujeitam a enormes riscos e sofrem discriminações no mercado de trabalho, imobiliário, etc. Mas este jogo também provoca danos ao país de origem e ao país que os acolhe. Com efeito, a clandestinidade produz efeitos que atenuam o potencial contributo da imigração para a economia. A clandestinidade reduz fortemente o incentivo por parte do migrante a acumular capital humano e diminui a sua capacidade de produzir rendimentos e enviar remessas para o país de origem.

A exigência dos cidadãos dos países de acolhimento de se limitar os fluxos e se seleccionar as entradas é legítima, assim como é fundamental acolher quem arrisca a vida e as liberdades no seu país. A política migratória é uma decisão colectiva e, como em todas as decisões, o bom senso deveria excluir as opções extremas. Assim como é ineficaz encerrar as fronteiras, seria uma hipocrisia pensar que a ausência de regras na entrada é a opção certa: quantos dos que preconizam veementemente essa opção estarão dispostos a abrir a sua porta a quem quer que seja?

Como reduzir, então, o fenómeno da clandestinidade? O fenómeno da clandestinidade tem a sua origem na existência de um «mercado da migração ilegal». A estrutura portante desse mercado é composta, por um lado, pela procura, pela disponibilidade por parte dos dadores de trabalho nas economias avançadas em contratar estrangeiros irregulares e, por outro, pela oferta de indivíduos provenientes dos PVD, dispostos a trabalhar irregularmente e a migrar. Essa estrutura portante é acompanhada por uma estrutura de apoio, muitas vezes nas mãos de organizações criminais, que fornece «serviços» (desde transporte a passaportes falsos) aos potenciais migrantes que facilitam o encontro entre procura e oferta. Uma política séria de combate ao fenómeno da imigração clandestina, em vez de agir com base em acções directas nas estruturas intermédias de apoio, deveria agir sobretudo nos dois pilares portantes do mercado: a procura e a oferta.

A acção de combate que visa pôr em segurança as fronteiras nacionais obviamente que conta muito. Nesta óptica, assim como o governo federal dos EUA nunca lhe passaria pela ideia deixar o Arizona sozinho tratar disso, Bruxelas não pode continuar a dar-se ao luxo de ignorar o problema, deixando a sua gestão apenas nas mãos dos países do Sul da Europa. É urgente a constituição de um corpo de polícia fronteiriça comunitária ou, pelo menos, a adopção de uma política de partilha dos encargos. Os dados apresentados no capítulo dois colocam em evidência que uma boa parte dos migrantes interceptados entre as nossas fronteiras não tem Itália como destino final, mas sim outros países da UE. É indispensável apoiar as «terras de passagem» na resolução do problema antes que se torne uma emergência impossível de gerir. Além disso, o combate não deve ser apenas «passivo» – eliminar a porosidade das fronteiras – mas também «activo», tendo como finalidade despotenciar as organizações criminais que se dedicam ao tráfico de seres humanos. Sob este aspecto seria muito importante reforçar uma política comum da UE, uma vez que aumentariam os custos e riscos para os países coniventes com tais organizações. Mas como relembrámos várias vezes ao longo desta análise, o controlo, activo e passivo, das fronteiras nada pode sozinho se não for integrado num quadro racional e sistemático de políticas de migração.

O debate sobre as políticas deve mudar de *quantos migrantes deixar entrar para quem e como deixá-los entrar*. As políticas restritivas têm-se revelado um fracasso a regular os fluxos de entrada. Não nos podemos iludir com a força de uma lei escrita com a caneta: as migrações para trabalho, grande parte dos fluxos globais, respondem apenas às forças do mercado, à procura dos migrantes nos países ricos e à oferta de migrantes, quase ilimitada neste período histórico, por parte dos países pobres. Não obstante as leis restritivas, os migrantes continuarão a vir, tal como sucede agora, enquanto houver oportunidades à sua espera.

Quem devemos deixar entrar? A resposta difere entre trabalhadores qualificados e não qualificados. Em virtude da importância da migração de trabalhadores qualificados, já há muito que se iniciou uma competição global no que respeita à capacidade de atrair talentos. O nosso país parece ainda não se ter apercebido disso. Na nossa opinião, é indispensável que a Itália também se mova nessa direcção e que o faça rapidamente. Como o atestam as experiências dos EUA e do Reino Unido, um factor estratégico é tornar o sistema de educação, sobretudo universitário e pós-universitário, atraente e acolhedor para os estudantes estrangeiros. Apesar do atraso acumulado, a nossa posição no centro do Mediterrâneo representa um factor de força em que se pode apostar. Dever-se-iam imaginar canais preferenciais para os migrantes mais qualificados e para os estudantes.

E que atitude devemos ter em relação aos migrantes não qualificados? É absolutamente evidente que eles também são indispensáveis ao nosso mercado de trabalho, visto que a sua presença pode contribuir para tornar mais competitivas as pequenas e médias empresas nos mercados internacionais e, limitando o ónus familiar que tradicionalmente recairia sobre as mulheres, incentivar a participação feminina no mercado de trabalho. Mas a questão crucial que necessita de resposta é a de como deixá-los entrar no nosso país: como ilegais, com todos os custos aqui demonstrados (cap. 3), ou como regulares, optimizando os benefícios económicos da migração para todas as partes envolvidas? Há uma via, a nosso ver, que é conveniente explorar para colocar a agulha da balança na imigração regular e enfraquecer o exército dos invisíveis: a via dos programas de imigração temporária.

Um novo programa de imigração temporária. As autorizações temporárias não são de todo uma novidade. Esses programas constituem um importante veículo para a admissão de migrantes dentro da legalidade; todavia nem todas as experiências do passado funcionaram. A crítica mais emblemática talvez possa ser sintetizada com o velho ditado «não há nada mais permanente do que um trabalhador temporário»[1]. A permanência por períodos prolongados, às vezes, cria fortes ligações

---

[1] As principais críticas decorrem da experiência de programas temporários de grande alcance adoptados nos EUA (*Bracero Programme*, 1942-64) e na Alemanha (*Gastarbeiter*, 1955-73).

sociais e laborais entre os trabalhadores e os países de acolhimento. É legítimo esperar que as autorizações temporárias sejam vistas por alguns migrantes como um percurso que tem como destino final a cidadania. Não há contra-indicações neste caso: que vantagem teria o país de destino em fazer regressar, contra a sua vontade, um trabalhador integrado e com uma situação laboral regular? Apesar de contribuírem durante um breve período para a eliminação de consequências perniciosas da clandestinidade, programas excessivamente rígidos neste aspecto protelam a ilegalidade após a expiração do prazo das autorizações de permanência e residência.

Uma outra limitação central dos programas de imigração temporária usados no passado é, a nosso ver, a de determinar tectos quantitativos para os fluxos, ou seja, quotas muitas vezes irrealistas e capazes de legalizar apenas uma pequena parte dos imigrantes irregulares. É muito difícil, como atesta a experiência italiana através dos decretos de fluxos, que o governo seja capaz de definir, por lei, de forma precisa e, sobretudo, oportuna, o número exacto de migrantes que o sistema económico é capaz de absorver.

Por outro lado, basear a política migratória num sistema de autorizações temporárias de trabalho (*guest worker schemes*), que permita a entrada apenas aos que têm um patrocinador, poderia ser limitativo e contraproducente, na medida em que encorajaria a entrada clandestina para quem (sobretudo os *front runners*) não tem uma rede que facilite a procura de trabalho à distância. Não podemos esquecer que com este mecanismo se correria o risco de um liberalismo desenfreado, em que os empresários, que agiriam como protagonistas a quem é dado o poder de renovar a autorização, poderiam ser levados a explorar a mão-de-obra imigrante, oferecendo salários baixos e condições de vida inaceitáveis, substituindo assim amplamente a força de trabalho nacional e adiando a adopção de novas tecnologias *labor saving*[2].

As limitações das experiências passadas não devem, no entanto, obscurecer a importância que os programas temporários podem assumir como instrumento de erradicação de consequências negativas da clandestinidade evidenciadas ao longo deste livro. O ponto crucial para o sucesso dos programas de imigração temporária, com base na nossa proposta, é o de prever incentivos (ou desincentivos) que ataquem o fenómeno da imigração clandestina na raiz:

- *do lado da procura*, desincentivando os empresários a contratar trabalhadores irregulares;
- *do lado da oferta*, incentivando os migrantes a ter comportamentos (na pátria e nos países de destino) que optimizem os benefícios da migração

[2] Veja-se a propósito Papademetriou e O'Neil [2004].

para todos os *stakeholders* envolvidos (os próprios migrantes, os países de origem e os países de acolhimento), e que ao mesmo tempo libertem os migrantes dos vínculos existentes que, enfraquecendo o seu poder contratual, os obrigam muitas vezes a viver situações de exploração e escravidão.

Vejamos portanto quais são especificamente os elementos que, em nossa opinião, um programa de imigração temporária deveria contemplar com o intuito de evitar os erros do passado e desempenhar um papel relevante na luta contra a imigração clandestina.

Um sistema de pontos à entrada. Esse sistema deve definir as características mínimas do migrante na fase de entrada no país de destino e permitir dar preferência, em situações contingentes, a figuras profissionais de que o mercado de trabalho necessita em particular (*screening* mínimo à entrada). É importante salientar que o sistema de pontos permite ao país anfitrião uma elevada flexibilidade na decisão de quem deixar entrar; os requisitos mínimos à entrada não devem apontar exclusivamente para a selecção dos que potencialmente garantem um maior «rendimento económico» ao país de acolhimento; outras finalidades podem encontrar lugar no mesmo sistema. O mecanismo até agora aplicado em países como o Canadá, a Nova Zelândia e a Austrália aos migrantes qualificados, também poderia funcionar para os menos qualificados. Todavia, recorde-se que uma grelha de pontuação muito rígida e proibitiva não resolveria o problema da clandestinidade. Em contrapartida, uma das vantagens mais importantes é a da superação do sistema de quotas quantitativas à entrada (até agora instituídas em Itália pelo decreto de fluxos). De acordo com o que se disse anteriormente, os fluxos deveriam ser determinados livremente pelas forças do mercado através de mecanismos automáticos. Com o sistema de pontos à entrada, as autoridades deveriam limitar-se a: *i*) verificar de forma rigorosa a observância dos requisitos de participação no programa por parte dos migrantes, através da obtenção de uma pontuação mínima estabelecida, e por parte dos empresários; *ii*) manter actualizado um sistema informático de monitorização dos participantes no programa; *iii*) perseguir formas de abuso por parte de empresários com poucos escrúpulos.

No que respeita ao programa mais tradicional de vistos temporários de trabalho, um programa de vistos com pontos permitiria a entrada a quem, embora não tendo ainda um contrato de trabalho, tem, por exemplo, competências solicitadas pelo mercado. Além disso, com este sistema, poderíamos ainda contemplar a atribuição de um papel activo às associações da categoria no recrutamento dos trabalhadores no estrangeiro e na oferta de garantias quer aos imigrantes, quer aos trabalhadores nacionais com as mesmas qualificações.

Renegociação da duração das autorizações temporárias. O esquema temporário deve ser uma porta de entrada «ampla», de forma a canalizar para a via regular fluxos que, de outra forma, entrariam na ilegalidade. Um esquema não prorrogável arrisca-se a protelar a clandestinidade, com tudo o que isso implica, no fim do período de residência temporária. É claro que a possibilidade de renegociar a autorização temporária ou de conceder definitivamente o estatuto de migrante permanente ou de cidadão não é apenas do interesse do migrante, mas também do país de acolhimento. Um horizonte temporal limitado reduz fortemente a motivação do empresário para investir na formação profissional dos migrantes, confinando estes últimos a funções pouco desejadas pelos nativos por serem *dirty, dangerous and difficult* (sujas, perigosas e difíceis). Com o objectivo de aproveitar ao máximo a livre mobilidade do trabalho, convém que esses vínculos criados por leis rígidas e míopes sejam eliminados. A possibilidade de rever a duração da autorização não pode, obviamente, ser automática; pelo contrário, deve basear-se num mecanismo de gratificação associado a comportamentos considerados «positivos» pela colectividade do país anfitrião. Vejamos, no próximo ponto, uma proposta para operacionalizar esse princípio.

Sistemas de pontos «in itinere». É este o principal aspecto de novidade. Algumas acções positivas e objectivamente verificáveis do migrante (por exemplo, investimento em formação geral e específica, conhecimento da língua italiana, número de dias de serviço cumpridos, rendimento declarado, participação na vida social do país, participação em programas de integração) deveriam dar direito a uma renegociação da autorização de permanência no fim do prazo de validade ou à concessão de cidadania. Ao invés, acções indesejáveis (também elas observáveis), como crimes, deveriam levar a uma redução desses direitos (e, se particularmente graves, à expulsão). Esse sistema funcionaria como um estímulo a uma maior integração e, ao mesmo tempo, a adquirir capital humano para benefício de todos.

Esquemas de «return finance» e de gratificação para os países de origem. Enquanto para alguns migrantes, o esquema temporário é considerado o primeiro passo para uma permanência mais longa e a obtenção da cidadania no país de destino, é provável que, para muitos migrantes, o objectivo seja exclusivamente o de uma permanência temporária, como demonstram os elevados fluxos migratórios de regresso (veja-se a fig. 3.3) aos países de tradição migratória. Qual a vantagem, então, do migrante em permanecer no esquema temporário? O sistema de pontuação *in itinere* poderia ter um duplo uso para os migrantes temporários: além de agir no plano dos incentivos individuais (aumentando a probabilidade de extensão do visto de permanência em Itália para cada migrante), poderia também ser parte integrante da *política de cooperação internacional*. Nesta óptica, uma parte das ajudas oficiais italianas poderia premiar os países que melhor aderissem ao esquema temporário, penalizando, ao invés, os países de origem que continuassem a dar azo à imigração ilegal. As ajudas italianas a países de origem cumpridores poderiam ser canalizadas para várias iniciativas de apoio a esses mesmos países: promover o desenvolvimento de modalidades mais eficientes e económicas de envio de remessas, incentivar o regresso «produtivo» à pátria através de programas de *return finance* (por exemplo, esquemas de microcrédito) e, por essa via, a transferência de tecnologia.

Mobilidade laboral dos migrantes temporários. Com o intuito de evitar distorções do sistema associadas ao excessivo poder contratual do dador de trabalho, uma vez no país, deveria conceder-se, ao migrante, a liberdade de mudar de emprego. Os sistemas baseados no patrocínio do dador de trabalho evidenciaram, com frequência, dificuldades por parte do trabalhador imigrante em denunciar situações de manifesta exploração. Embora o patrocínio de entrada continue a ser um elemento importante – embora não exclusivo, nem necessário – do esquema temporário de pontos, é oportuno definir mecanismos que limitem esse vínculo numa fase sucessiva. A mobilidade dos migrantes teria a vantagem, nada secundária para o país de destino, de melhorar a eficiência geral do mercado de trabalho. Inúmeros estudos demonstraram que os migrantes são muitas vezes mais reactivos (em termos de mobilidade) do que os nativos aos diferenciais salariais entre diferentes áreas geográficas do país, desenvolvendo, portanto, uma importante função de reequilíbrio.

Sanções aos empresários que contratam imigrantes ilegais. O incentivo para contratar indivíduos com um baixíssimo poder contratual, como os migrantes irregulares, dificilmente pode ser neutralizado sem a utilização de medidas de carácter punitivo. O sucesso de qualquer medida que vise reduzir o fenómeno da clandestinidade, a nosso ver, não pode prescindir de intervenções deste género do lado da procura. Relativamente a esse aspecto, a lei Bossi-Fini já prevê a prisão (de três meses a um ano) e uma multa para os dadores de trabalho que contratem trabalhadores imigrantes irregulares. Contudo, até à data, tem sido pouco ou nada aplicada. Haveria, ao invés, que dar uso a essa norma, introduzindo talvez incentivos (por exemplo, no âmbito do mecanismo da autorização com pontos) aos migrantes que denunciem a exploração[3].

---

[3] Além de implementar sistemas de controlo interno muito severos, alguns países (como Singapura) aplicaram aos empresários um imposto por cada migrante contratado (variável segundo as

Num programa de imigração temporária com as características acima evidenciadas, a saída da ilegalidade aconteceria no interior de um quadro de incentivos que envolve todos os *stakeholders*. O país de acolhimento alcança o seu objectivo de minimizar os aspectos negativos da irregularidade e ganha migrantes oportunamente seleccionados. O migrante subtrai-se à escravidão da clandestinidade e ganha um melhor salário, o acesso não (ou menos) discriminado a vários mercados e serviços, menor incerteza e perfil temporal mais longo. A necessidade das empresas seleccionarem oportunamente a mão-de-obra não seria severamente limitada. E o governo do país de origem teria um incentivo em termos de apoio ao desenvolvimento que o levaria a maiores controlos e a combater as organizações do *human smuggling*, em vez de pactuar com elas.

É bom recordar que programas de imigração temporária, tal como foram especificados, não são uma

---

características «qualitativas» do próprio migrante) [Veja-se Ruhs 2005]. Embora sob muitos aspectos essa abordagem seja desejável, na medida em que permitiria financiar programas de integração, compensar faixas da população atingidas pelo fenómeno ou simplesmente trabalhadores nativos ligeiramente mais competitivos em relação aos migrantes, permanecem, no entanto, fortes dúvidas sobre a possibilidade de se adoptar tal medida, pelo menos a curto e médio prazo, num país como Itália que se caracteriza pela dimensão patológica da economia paralela.

panaceia para substituir *tout court* uma política migratória, mas sim complementos a outras tipologias de entrada dos migrantes nos países de destino – como os programas de asilo que não são hostilizados. Com efeito, é indispensável, de forma a evitar distorções e ineficiências, que o programa temporário seja definido no interior de um quadro orgânico de normas que regulem todos os aspectos do fenómeno migratório até chegar às regras de concessão da cidadania[4].

Acresce ainda que a superação da luta contra a clandestinidade, por parte da política migratória, só se pode tornar um objectivo viável se for enfrentada em simbiose com uma política séria de combate à economia paralela. Num certo sentido, imigração clandestina e economia paralela são duas faces da mesma medalha. A legalização permitiria a construção de um ambiente económico com incertezas menores e, portanto, mais adequado ao investimento e à inovação num horizonte temporal mais longo, sem esquecer os

---

[4] No âmbito da concessão da cidadania, o caminho a percorrer também é em subida. Como foi demonstrado por Zincone [2006], o sistema italiano é fortemente desequilibrado, prevendo a concessão da cidadania a qualquer pessoa que, mesmo vivendo no estrangeiro, tenha um antepassado italiano longínquo (com base no princípio do *ius sanguinis*), mas impede a concessão do mesmo direito a um migrante que vive, trabalha e contribui activamente para a sociedade civil em Itália.

sobejamente conhecidos efeitos benéficos nos balanços fiscais e da segurança social. A questão da clandestinidade migratória, nesta óptica, não é senão um elemento de um puzzle mais complexo[5].

---

[5] Sobre este tema remetemos para as indicações de *policy* contidas no texto de Lucifora [2003].

REFERÊNCIAS BIBLIOGRÁFICAS

Abraham, S. Hamilton, L.H. (org. por)
2006 – *Immigration and America's Future: A New Chapter*, Report of the Independent Task Force on Immigration and America's Future, Washington, DC, Migration Policy Institute.

ACNUR
2006 – *Asylum Levels and Trends in Industrialized Countries. Second Quarter*, Genebra.
Anos vários – *Statistical Yearbook*, Genebra.

Ammendola, C.F., Forti, O., Garavini, S. Pittau, F. e Ricci, A. (org. por)
2005 – *Immigrazione irregolare in Italia*, Roma, IDOS.

Anderson, J. E. e van Wincoop, E.
2004 – *Trade costs*, in «Journal of Economic Literature», vol. 42, n. 3, pp. 691-751.

Avramopoulou, I., Karakatsanis, L. e Pavlou, M.
2005 – *Immigration as a labour market strategy: Greece*, in Niessen e Schibel [2005b].

Banco Mundial
2005 – *World Development Indicators*, Washington, DC (www.world-bank.org.).
2006 – *Global Economic Prospects 2006: Economic Implications of Remittances and Migration*, Washington, DC, IBRD/The World Bank.

Barbagli, M., Colombo, A. e Sciortino, G.
2004 – *I sommersi e i sanati. Le regolarizzazioni degli immigrati in Italia*, Bolonha, Il Mulino.
Bastiat, F.
1845 – *Economic Sophisms*; trad. it. *Sofismi economici*, Florença, Tipografia Tofani, 1851.
Beine, M., Docquier, F. e Rapport, H.
2003 – *Brain Drain and LDC'S Growth: Winners and Losers*, Bonn, IZA Discussion Paper, n. 819.
Bhagwati, J. N. (org. por)
1976 – *The Brain Drain and Taxation, Theory and Empirical Analysis*, Amesterdão, North-Holand.
Bhagwati, J. N. e Hamada, K.
1974 – *The brain drain, international integration of markets for professionals and unemployment: A theoretical analysis*, in «Journal of Development Economics», vol. 1, n. 1, pp. 19-42.
Bhagwati, J. N. e Partington, M. (org. por)
1976 – *Taxing the Brain Drain. A Proposal*, Amesterdão, North-Holand.
Bhagwati, J. N. e Wilson, J. D. (org. por)
1989 – *Income Taxation and International Mobility*, Cambridge, MA, The MIT Press.
Black, R., Collier, M., Skeldon, R. e Waddington, C.
2005 – *A Survey of the Illegaly Resident Population in Detention in the UK*, Londres, Home Office Online Report 20/05.
2006 – *Routes to illegal residence: A case study of immigration detainees in the United Kingdom*, in «Geoforum», 37, pp. 552--564.
Borjas, G. J.
1987 – *Self selection and the earnings of immigrants*, in «American Economic Review», 77 (4), pp. 531-553.
1993 – *Intergenerational mobility of immigrants*, in «Journal of Labor Economics», 11 (1), pp. 113-135.

2003 – *The labour demand curve is downward sloping: Re-examining the impact of immigration on the labour market*, in «Quarterly Journal of Economics», vol. 118 (4), pp. 1335-1374.

Borjas, G. J. e Katz, L.
2005 – *The evolution of the Mexican-born worforce in the United States*, Cambridge, MA, NBER, Working Paper, n. 11281.

Bray, D.
1984 – *Economic development: The middle Class and International migration in Dominican Republic*, in «International Migration Review», vol. 18, pp. 217-236.

Canetti, E.
1996 – *La lingua salvata. Storia di una giovinezza*, V ed., Milão, Adelphi; versão original *Die gerettete Zunge. Geschicte einer Jugend*, Munique, Carl Hanser Verlag, 1970.

Card, D.
2005 – *Is the new immigration really so bad?*, NBER, Working Paper, n. 11547.

Caritas/Migrantes
[anos vários] *Dossier statistico sull'immigrazione*, Roma, IDOS.

Chaloff, J.
2005 – *Immigration as a labour market strategy: Italy*, in Niessen e Schibel [2005b].

Chaloff, J. e Pipperno, F.
2004 – *International migration and relations with third countries*, in Niessen e Schibel [2005b],

Chami, R., Fullenkmann, C. e Jashjan, S.
2003 – *Are Immigrant Remittance Flows a Source of Capital for Development?*, Washington, DC, International Monetary Fund, Working Paper, n. 03/189.

Chiswick, B. R.
1978 – *The effect of Americanization on the earnings of foreign-born men*, in «Journal of Political Economy», vol. 86, n. 5, pp. 897-921.

1986 – *Is the new immigration less skilled than the old?*, in «Journal of Labor Economics», vol. 4, n.2, pp. 168-192.

2005 – *The Economics of Immigration*, Cheltenham, Edward Elgar.

Chiuri, M. C., Coniglio, N.D., Ferri, G. e Serlenga, L.

2006 – *Does clandestinity Damage Potential Development in the Countries of Origin? A Study of Illegal Migrants in Italy*, mimeo, Universidade de Bari, Departamento de Ciências Económicas.

Chiuri, M. C., De Arcangelis, G., D'Uggento, A. M. e Ferri, G.

2006 – *Features and Expectations of Illegal Immigrants: Results of a Field Survey in Italy*, Turim, CHILD, Working Paper.

Chiuri, M. C., De Arcangelis, G. e Ferri, G.

2005 – *Crisis in the Countries of origin and illegal migration into Italy*, in *Global Migration Perspectives*, Nações Unidas, n. 53, Genebra, Global Commission on International Migration (www.gcim.org.).

Chiuri, M. C. e Ferri, G.

2003 – *I flussi migratori in Itália*, in C. Lucifora (org. de), *Mercato, occupazione e salari: la ricerca sul lavoro in Itália*, Milão, Mondadori.

Clark, X., Hatton, T.J. e Williamson, J. G.

2002 – *Where Do Us Immigrants Come from, and Why?*, Cambridge, MA, Working Paper, n. 8998.

Cobb-Clark, D. e Kossoudji, S.

2000 – *IRCA'S impact on the occupational concentration and mobility of newly-legalized Mexican men*, in «Journal of Population Economics», 13, pp. 81-98.

2002 – *Coming out of the shadows: Learning about legal status and wages from the legalized population*, in «Journal of Labour Economics», vol. 20, n. 3, pp. 598-628.

Cohen-Goldner, S. e Paserman, D.

2004 – *The Dynamic Impact of Immigration on Natives' Labour Market Outcomes: Evidence from Isreael*, London, CEPR, Discussion Paper, n. 4640.

Coniglio, N. D.

2004 – *Migropolis: Migration Networks and Formation of Ethnic Clusters in Cities*, European Regional Science Association (ERSA), Conference Papers (www.ersa.org/ersaconfs/ersa04/PDF/146.pdf.)

Coniglio, N. D., De Arcangelis, G. e Serlenga, L.

2006 – *Intentions to Return of Irregular Migrants: Illegality as a Cause of Skill Waste*, Southern Europe Research in Economic Studies, Working Paper, n. 11 (www.dse.uniba.it).

Coppel, J., Dumont, J.C. e Visco, I.

2001 – *Trends in Immigration and Economic Consequences*, Paris, OCDE, Economics Department, Working Paper, n. 284.

Cyrus, N. e Vogel, D.

2005 – *Immigration as a labour market strategy: Germany*, in Niessen e Schibel [2005b].

Devillanova, C. e Frattini, T.

2006 – *Undocumented Immigrants in Milan: Evidence from Naga Records*, Centre for Research on the Public Sector, Milão, Universidade Comercial Luigi Bocconi, Encopubblica Working Paper Series, n. 110.

Departamento de Estado dos EUA

2005 – *Trafficking in Persons Report*, Washington, DC, Junho.

D'Uggento, A. M. e Chiuri, M. C.

2006 – *Designing a Survey on illegal Migration in Italy: Methodological Issues and Preliminary Results*, Sociedade Italiana de Estatística (SIS), Actas da Conferência, Junho, pp. 577-580.

Dustmann, C.

2000 – *Temporary migration and economic assimilation*, in «Swedish Economic Policy Review», vol. 7, pp. 213-244.

«The Economist»

2006 – *Don't fence us in*, 21 de Outubro, p. 57.

European Migration Network
  2005 – *Immigrazione irregolare in Italia*, Roma, IDOS, European Migration Network, Ponto Nacional de Contacto em Itália.

Faini, R. e Venturini, A.
  1993 – *Trade, aid and migration. Some basic policy issues*, in «European Economic Review», vol. 37, pp. 435-442.
  1994 – *Italian emigration in the pre-war period*, in T.J. Hatton e J.G. Williamson (org. por), *Migration and International Labor Markets*, Londres, Routledge.

Feliciano, C.
  2005 – *Educational selectivity in US immigration: How do immigrants compare to those left behind?*, in «Demography», vol. 42 (1), Fevereiro, pp. 131-152.

Gibson, J., McKenzie, D. J. e Halahinga, R.
  2005 – *How Cost-elastic Are Remittances Estimates from Tongan Immigrants in New Zealand*, trabalho preparatório para *Global Economic Prospects 2006: Economic Implications of Remittances and Migration*, Washington, DC, IBRD/The World Bank.

Global Commission on International Migration
  2005 – *Migration in an Interconnected World: New Direction for Action*, Report, Outubro.

Gustafsson, B., e Osterberg, T.
  2001 – *Immigrants and the public sector budget : Accounting exercises for Sweden*, in «Journal of Population Economics», vol. 14, n. 4, pp. 689-708.

Hanson, G. e Spilimbergo, A.
  1999 – *Illegal immigration, border enforcement and relative wages: Evidence from apprehensions at the US-Mexico border*, in «American Economic Review», pp. 1337-1357.

Harris, J. R. e Todaro, M. P.
1970 – *Global Migration and the World Economy: A two-sector analysis*, in «American Economic Review», vol. 60, n. 1, pp. 126-142.
Hatton, T. J.
2003 – *Seeking Asylum in Europe*, manuscrito.
Hatton T. J. e Williamson, J. G.
2005 – *Global Migration and the World Economy: Two Centuries of Policy and Performance*, Cambridge, MA, The MIT PRESS.

ISTAT
2003 – *14.º Censimento general della popolazione e delle abitazioni*, Roma.
2006 – *La popolazione straniera residente in Italia al 1.º Gennaio 2006*, Statistiche in breve, 17 de Outubro 2006, Roma.

Jandl, M.
2004 – *The estimation of ilegal migration in Europe*, in «Studi Emigrazione», vol. XLI, n. 153, pp. 141-155.
Jimenez, M.
2003 – *200.000 Illegal migrants toiling in Canada's underground economy*, in *Canada's underground economy*, in «The Globe and Mail», 15 de Novembro.

Kamemera, D., Oguledo, V.I. e Davis, B.
2000 – *A gravity model analysis of International migration to North America*, in «Applied Economics», vol. 32 (13), pp. 1745--1755.
König, K. e Perchining, B.
2005 – *Immigration as a labour market strategy: Austria*, in Niessen e Schnibel [2005b].
Kretzschmar, C.
2005 – *The Regularization of the Unauthorized: Literature Review.*

Levinson, A.

2005 – *The Regularization of the Unauthorized: Literature Review and Country Case Studies*, Oxford, University of Oxford, Center for Migration, Policy and Society (www.compas.ox.ac.uk/publications/papers/Regularisation%20Report.pdf).

Lindstrom, D.P.

1996 – *Economic opportunities in Mexico and Return migration from the United States*, in «Demography», vo. 33, n.3, pp. 357-374.

Lowell, B.L.

2005 – *Immigration as a labour market strategy: United States*, in Niessen e Schibel [2005b].

Lucifora, C.

2003 – *Economia sommersa e lavoro nero*, Bolonha, Il Mulino.

Mangione, J. e Morreale, B.

1992 – *La Storia. Five Centuries of the Italian American Experience*, Nova-Iorque, Harper Collins.

Marinelli, V.

2005 – *Immigration as a labour market strategy: The Netherlands*, in Niessen e Schibel [2005b].

Massey, D.

1987 – *Do undocumented migrants earn lower wages than legal immigrants? New evidence from Mexico*, in «International Migration Review», vol. 21, n. 2, pp. 236-274.

Massulo, G.

2001 – *Economia delle Rimesse*, in P. Bevilacqua, A. De Clementi e E. Franzina (org. por), *Storia dell'Emigrazione Italiana. Partenze*, Roma, Donzelli, pp. 161-183.

Mayda, A. M.

2006a – *Who is against immigration? A cross-country investigation of individual attitudes towards immigrants*, in «Review of Economics and Statistics», a publicar.

2006b – International Migration: *A Panel Data Analysis of the Determinants of Bilateral Flows*, mimeo (www.georgtown.edu/faculty/amm223/InternationalMigration.pdf)

Middleton, D.

2005 – *Why Asylum Seekers Seek Refuge in Particular Destination Countries: An Exploration of Key Determinants*, Genebra, Global Comission on International Migration, Working Paper, n. 34.

Monzini, P., Pastore, F. e Sciortino, G.

2004 – *L'Italia promessa. Geopolitica e dinamiche organizzative del traffico di migranti verso l'Italia*, Roma CESPI, Working Paper, n. 9.

Mountford, A.

1997 – *Can a brain drain be good for growth in the source economy?*, in «Journal of Development Economics», vol. 53, n. 2, pp. 287-303.

Niessen, J. e Schibel, Y. (org. por)

2004 – *International Migration and Relations with Third Countries. European and US Approaches*, Bruxelas, Migration Policy Group, Maio.

2005a – *Current Immigration Debates in Europe*, Bruxelas, Migration Policy Group, European Migration Dialogue.

2005b – *Immigration as a Labour Market Strategy. European and North America Perspectives*, Bruxelas, Migration Policy Group, Junho.

OCDE

1997 – *Trends in International Migration*, Paris.

2006 – *International Migration Outlook. Annual Report 2006*, Paris, SOPEMI.

Organização das Nações Unidas

2002 – *International Migration Report 2002*, Nova Iorque.

Orrenius, P. M. e Zavodny, M.

2001 – *Do Amnestry Programs Encourage Illegal Immigration? Evidence from the Immigration Reform and Control Act (IRCA)*, Federal Reserve Bank of Atlanta, Working Paper, n. 200-19, Novembro.

OIM

2005 – *Data and Research on Human Trafficking: A Global Survey*, Genebra, Organização Internacional para as Migrações. (www.ilo.org/public/english/protection/migrant/download/imp/imp41.pdf).

Ottaviano, G. e Peri, G.

2006 – *Rethinking the Effects of Immigration* on Wages, Cambridge, MA, NBER, Working Paper, n. 12497.

Papademetriou, D. G. e O'Neil, K.

2004 – *Efficient Practices for the Selection of Economics Migrants*, Washington DC, Migration Research Group, Migration Policy Institute, Julho.

Passel, J. S.

2006 – *The Size and Characteristics of the Unauthorized Migrant Population in the US*, Washington, DC, Pew Hispanic Center, Março.

Pedersen, P. J., Pytlikova, M.E. e Smith, N.

2004 – *Selection or Network Effects? Migration Flows into 27 OCDE Countries, 1990-2000*, Bona, IZA, Discussion Paper, n. 1104 (www.iza.org).

Pinkerton, C., McLaughlan, G. e Salt, J.

2004 – *Sizing the Illegal Resident Population in the UK*, Londres, Home Office Online Reports 58/04.

Ratha, D.

2003 – *Workers' remittances: An important and stable source external development finance*, in *Global Development Finance 2003*, Washington, DC, World Bank, cap. 7.

Reyes, B.

1997 – *Dynamics of Immigration: Return Migration to Western Mexico*, São Francisco, CA, Public Policy Institute of California (www.ppic.org/content/pubs/report/R_197BRR.pdf).

Reyneri, E.

1998 – *Mass Legalization of Migrants in Italy: Permanent or Temporary Emergence from the Underground Economy?*, South European Society and Politics.

2001 – *Migrant's Involvement in Irregular Employment in the Mediterranean Countries of the European Union* (online), Genebra, International Labour Organization.

2003 – *Immigration and the underground economy in new receiving South European countries: Manifold negative effects, manifold deep-rooted causes*, in «International Rewiew of Sociology», 13/1.

Rivera-Batiz, F.L.

1999 – *Undocumented workers in the labour market: An analysis of the earnings of legal and illegal Mexican immigrants in the United States*, in «Journal of Population Economics», vol. 12, pp. 91-116.

Rowlands, D.

1999 – *Domestic governance and international migration*, in «World Development», vol. 27, n. 8, pp. 1477-1491.

Rowthorn, R.

2004 – *The Economic Impact of Immigration*, Londres, Civitas: The Institute for the Study of Civil Society, Online Report.

Ruhs, M.

2005 – *The Potential of Temporary Migration Programmes in Future International Migration Policy*, Genebra, Global Comission on International Migration, Setembro.

Saxenian, A.

1999 – *Silicon Valley's New Immigrant Entrepreneurs*, São Francisco, Public Policy Institute of California.

Sayan, S.

2006 – *Business Cycles and Workers Respond to Cyclical Movements of GDP at Home?*, Washington, D.C., International Monetary Fund, Working Paper, n. 06/52.

Schneider, F.

2005 – *Shadow Economics of 145 Countries all over the World: Estimation Results over the Period 1999 to 2003*, Johannes Kepler University of Linz, mimeo.

Smith, J. e Edmonston, B. (org. por)

1997 – *The New Americans: Economic, Demographic, and Fiscal Effects of Immigration*, Washington, DC, National Research Council.

Spatafora, N.

2005 – *Workers' remittances and economic development*, in *World, Economic Outlook: Globalization and External Imbalances*, Washington, DC, IMF, cap. II.

Sriskandarajah, D. e Hopwood Road, F.

2005 – *United Kingdom: Rising Numbers, Rising Anxieties*, Institute for Public Policy Research.

Stark, O.

1992 – *The Migration of Labor*, Oxford, Blackwell.

Stark, O. e Bloom, D.E.

1985 – *The new economics of labor migration*, in «American Economic Review», vol. 75, n. 2, pp. 173-178.

Stark, O., Helmenstein, C. e Prskawetz, A.

1997 – *A brain gain with a brain drain*, in «Economic Letters», vol. 55, n.3, Julho, pp. 227-234.

1998 – *Human capital depletion, human capital formation, and migration: A blessing or a curse?*, in «Economics Letters», vol. 60, n. 3, Setembro, pp. 363-367.

Stark, O., Helmenstein, C. e Yegorov, Y.

1997 – *Migrants' savings, purchasing power parity and the optimal duration of migration*, in «International Tax and Public Finance», vol. 4, pp. 307-324.

Stark, O. e Levhari, D.

1982 – *On migration and risk in less developed countries*, in «Economic Development and Cultural Change», vol. 31, pp. 191-196.

Stark, O. e Lucas, R.E.B.

1985 – *Motivation to remit: Evidence from Botzwana*, in «Journal of Political Economy», vol. 93, n. 5, pp. 901-918.

1988 – *Migration, remittances and the family*, in «Economic Development and Cultural Change», pp. 465-481.

Stark, O. e Taylor, E. J.

1991 – *Migration incentives, migration types: The role of relative deprivation*, in «Economic Journal», 101, n. 408, pp. 1163-1178.

Stark, O. e Wang, Y.

2002 – *Inducing human capital formation: Migration as a substitute for subsidies*, in «Journal of Public Economics», 86, pp. 29-46.

Stella, G. A.

2003 – *L'orda. Quando gli albanesi eravamo noi*, Milão, Rizzoli.

Stenum, H.

2005 – *Immigration as a labour market strategy: Denmark*, in Niessen e Schibel [2005b].

Storesletten, K.

2000 – *Sustaining fiscal policy trough immigration*, in «Journal of Political Economy», vol. 108, n. 21.

Sweetman, A.

2005 – *Immigration as a labour market strategy: Canada*, in Niessen e Schibel [2005b].

Toussaint-Comeau, M.

2005 – *Self-employed Immigrants: an Analysis of Recent Data*, Chicago, IL, Fed Letter, Abril, n. 213.

Tribunal de Contas

2004 – *Gestione delle risorse previste in connessione con il fenomeno dell'immigrazione. Programma controllo 2004*, Roma.

Venturini, A.

2004 – *Post-War Migration in Southern Europe. An Economic Approach*, Cambridge, Cambridge University Press.

Walmsley, T. L. e Winters, L.A.
2003 – *Relaxing the Restrictions on the Temporary Movements of Natural Persons: A Simulation Analysis*, Londres, CEPR, Discussion Paper Series, n. 3719.

Wooldbridge, J.
2005 – *Sizing the unauthorized (illegal) migrant population in the United Kingdom in 2001*, Londres, Home Office Online, Report 29/05.

Zincone, G. (org. por)
2006 – *Familismo legale. Come (non) diventare italiani*, Roma-Bari, Laterza.